Personalrisikomanagement

Jean-Marcel Kobi

Personalrisikomanagement

Strategien zur Steigerung des People Value

3., vollständig überarbeitete Auflage

 Springer Gabler

Dr. Jean-Marcel Kobi
J. M. Kobi & Partner
Stäfa
Schweiz

ISBN 978-3-8349-4209-8   ISBN 978-3-8349-4210-4 (eBook)
DOI 10.1007/978-3-8349-4210-4

Die Deutsche Nationalbibliothek verzeichnet diese Publikation in der Deutschen Nationalbibliografie; detaillierte bibliografische Daten sind im Internet über http://dnb.d-nb.de abrufbar.

Springer Gabler
© Springer Fachmedien Wiesbaden 1999, 2002, 2012

Lektorat: Ulrike M. Vetter, Sabine Bernatz

Springer Gabler ist eine Marke von Springer DE. Springer DE ist Teil der Fachverlagsgruppe Springer Science+BusinessMedia
www.springer-gabler.de

Vorwort zur 3. Auflage

Das Personalrisikomanagement, wie es vor zwölf Jahren erstmals vorgestellt wurde, war Neuland. Inzwischen liegen, gestützt auf das vorgeschlagene Modell, fundierte Praxiserfahrungen vor. Dadurch hat es eine empirische Bestätigung erfahren. Das Modell scheint sogar etwas wie Allgemeingut geworden zu sein und wird regelmäßig zur Grundlage genommen. Die Personalrisiken sind heute nachhaltig im Bewusstsein von Praxis und Wissenschaft verankert.

Hinter dem Thema der Personalrisiken steht nach wie vor die Überzeugung, dass es keine Risiken gibt, die nicht direkt oder indirekt von Menschen verursacht werden, und dass die Mitarbeitenden nicht nur die Hauptkosten-, sondern auch die Hauptleistungs- und Hauptimageträger im Unternehmen sind.

Die ursprünglichen Ziele bleiben wegleitend: Der Risikogedanken soll auf das HRM übertragen und die Personalrisiken messbarer und steuerbarer gestaltet werden. Bedeutung und Kosten der Personalrisiken sollen transparent gemacht werden. Durch Früherkennung soll Spielraum und eine Grundlage für HR-Strategie, qualifizierte Personalplanung und Personalcontrolling gewonnen werden. Außerdem geht es darum, Management und Führungskräfte für die Personalrisiken zu sensibilisieren und eine fundierte Grundlage für neue regulatorische Anforderungen zu schaffen.

Aufgrund der Finanzkrise ist es nicht erstaunlich, dass die Sensibilität für Risiken in den letzten Jahren weiter gewachsen ist. Kapitalgeber und Management sind risikobewusster geworden und erkennen, dass die Personalrisiken über die Zukunftsperformance des Unternehmens mehr aussagen als vergangenheitsbezogene finanzielle Ergebnisse. Selbst Analysten beginnen, sich dafür zu interessieren. Verschiedene Regelungen fordern explizit die Auseinandersetzung mit den Personalrisiken (KonTraG, Basel III usw.). Inzwischen ist auch die Bedeutung der Personalrisiken im Rahmen von Due Diligence in Mergers anerkannt.

Die Personalrisiken werden heute fundierter, wenn auch noch lange nicht systematisch genug diskutiert. Die dringendste Herausforderung besteht darin, die Personalbelange mit geeigneten Messgrößen greifbarer und bewertbarer zu machen.

Aufgrund dieser Entwicklungen und der Erfahrungen aus vielen Praxisprojekten ist die ursprüngliche Fassung des Buches gründlich überarbeitet worden. Der Aspekt der Messbarkeit von Personalrisiken und die Verbindung zum Personalcontrolling wurden entscheidend vertieft. Neue Risikoaspekte wie Führungsrisiken, Integritätsrisiken und HRM-Risiken werden angesprochen. Damit liegt ein fundiertes und praxisorientiertes Instrumentarium zur umfassenden Identifikation, Messung und Steuerung der Personalrisiken vor.

Vorwort zur 1. Auflage

Unternehmen waren sich schon immer der verschiedensten Risiken ihres Geschäftes bewusst und versuchten sie mit verfeinerten Risikomodellen in den Griff zu bekommen. Schnellerer Wandel bedeutet mehr Risiken. Es ist deshalb nicht erstaunlich, dass die Sensibilität für Risiken in den letzten Jahren stark gestiegen ist. Eine Gruppe von Risiken blieb allerdings bisher weitgehend unbeachtet: die Personalrisiken.

Die Bedeutung der Human Resources (HR) – unbestritten die wertvollste und sensibelste Ressource – legt es nahe, die Personalrisiken ebenso fundiert anzugehen, wie dies für andere Risiken schon lange üblich ist.

Dieses Buch gibt den Personalrisiken eine systematische Grundlage und Handlungsanleitungen, wie Personalrisiken vermieden oder gemildert werden können. Das Personalrisikomanagement wird in einen größeren Kontext gestellt. Die einzelnen Personalrisiken werden identifiziert, und es wird dargetan, wie sie gemessen und vor allem gesteuert werden können. Aufgrund konkreter Beispiele werden Maßnahmenansätze und der Beitrag des Human Resources Managements (HRM) im Personalrisikomanagement besprochen.

Der Personalrisikomanagementansatz eröffnet einen neuen Blick mit großem praktischem Nutzen auf das HRM. Es wird gezeigt, wie das Personalrisikomanagement mit erprobten Instrumentarien, die es erlauben, die strategisch besonders bedeutsamen Personalressourcen und ihren Gefährdungsgrad abzuschätzen und steuernd einzugreifen, wirkungsvoll ins HRM integriert werden kann. Zu den wichtigsten Problemfeldern sollen entsprechende Warnlampen aufleuchten und Steuerungsmöglichkeiten sichtbar werden.

Wenn wir die Personalrisiken im Griff haben, werden wir auch die Chancen, die in den HR stecken, besser nutzen können. Risikomanagement ist immer auch Chancenmanagement. Beherrschte Risiken sind Chancen.

Inhaltsverzeichnis

Abbildungsverzeichnis XIII

Teil I   Personalrisikomanagement im Kontext des Unternehmens

1   **Personalrisikomanagement – ein zentrales Thema**   3
     1.1   Fehlende Leistungsträger (Engpassrisiko)   3
     1.2   Gefährdete Leistungsträger (Austrittsrisiko)   3
     1.3   Falsch qualifizierte Mitarbeitende (Anpassungsrisiko)   4
     1.4   Zurückgehaltene Leistung von Mitarbeitenden
            (Motivations- oder Leistungsrisiko)   4

2   **Personalrisikomanagement im Überblick**   7
     2.1   Felder des Personalrisikomodells   7
     2.2   Weitere Personalrisikofelder   8
     2.3   Beurteilung der Personalrisikoschwerpunkte   9
     2.4   Risikozyklus   13

3   **Notwendigkeit eines Personalrisikomanagements**   15
     3.1   Vernachlässigtes Humanvermögen   15
            3.1.1   Keine Ressource wird so schlecht genutzt
                     wie die Human Resources   15
            3.1.2   Die Mitarbeitenden stehen nicht wirklich im Mittelpunkt   15
            3.1.3   Die Führungsqualität ist in vielen Unternehmen unterentwickelt .   16
            3.1.4   Das HRM stagniert   16
     3.2   Steigende Bedeutung der Human Resources   17
            3.2.1   Die Human Resources sind ein entscheidender Erfolgsfaktor   17
            3.2.2   Die betriebswirtschaftliche Bedeutung ist unbestritten   17
            3.2.3   Je turbulenter die Zeit, desto wichtiger die Menschen   18
            3.2.4   Auch die Mitarbeitenden
                     machen eine Return-on-investment-Rechnung   18

     3.2.5 Der Unterschied zur Konkurrenz
              sind auch in Zukunft die Mitarbeitenden 18

     3.2.6 Die Mitarbeitenden sind das, was wir vermögen 18

  3.3   Gründe für ein fundiertes Personalrisikomanagement 19

  3.4   Entwicklungen und Trends, die die Personalrisiken beeinflussen 21

     3.4.1 Externe Einflüsse und Entwicklungen 22

     3.4.2 Bedürfnisse und Erwartungen der Mitarbeitenden 22

     3.4.3 Entwicklung des Arbeitsmarktes 24

4   Die Berichterstattung zu den Personalrisiken
wird zur Pflicht 27

5   Personalrisiken und Personalcontrolling 29

  5.1   Messen ist eine Krücke, aber eine notwendige Krücke 29

  5.2   Ganzheitliches Personalcontrolling 31

     5.2.1 Strategisch 31

     5.2.2 Qualitativ 33

     5.2.3 Ganzheitlich 34

     5.2.4 Einfach und handlungsorientiert 35

  5.3   Beurteilungsmöglichkeiten 36

  5.4   Auswahl der Messgrößen 36

  5.5   Darstellung in einer Risikobeurteilungsmatrix oder einem Cockpit 38

  5.6   Humanvermögen 39

Teil II   Die Zentralen Personalrisiken

6   Engpassrisiko (Fehlende Leistungsträger) 45

  6.1   Identifizieren 45

     6.1.1 Bedarfslücken 45

     6.1.2 Potenziallücken 46

     6.1.3 Rekrutierungsrisiken 49

  6.2   Messen und überwachen 50

  6.3   Steuern 51

     6.3.1 Integriertes Potenzialmanagement 51

     6.3.2 Rekrutierung 63

7   Austrittsrisiko (Gefährdete Leistungsträger) 73

  7.1   Identifizieren 73

     7.1.1 Vielfältige Austrittsrisiken 73

     7.1.2 Warum gehen Mitarbeitende? 74

  7.2   Messen und überwachen 75

     7.2.1 Fluktuationskosten 75

7.2.2   Kennzahlen   76
7.2.3   Erkenntnisse aus Austrittsinterviews   76
7.2.4   Indikatoren aus Mitarbeiterbefragungen   77
7.2.5   Ermittlung des Ausfallrisikos
        einzelner Zielgruppen oder Personen   77
7.3   Steuern   81
7.3.1   Retentionmanagement   81
7.3.2   Entgeltsysteme   83

8   Anpassungsrisiko
(Falsch qualifizierte Mitarbeitende)   89
8.1   Identifizieren   89
8.1.1   Nicht aktuelle Kompetenzen   90
8.1.2   Fehlende Bereitschaft, Unternehmenskultur
        und Veränderungen mitzutragen   91
8.1.3   Ungenügende Flexibilität und Arbeitsmarktfähigkeit   91
8.1.4   Freisetzungsrisiko   92
8.2   Messen und überwachen   92
8.2.1   Anpassungsrisiko messen   92
8.2.2   Bildungscontrolling   94
8.3   Steuern   97
8.3.1   Personalentwicklung   97
8.3.2   Lernendes Unternehmen   101
8.3.3   Unternehmenskultur und Veränderungsbereitschaft   104
8.3.4   Flexibilität   108
8.3.5   Arbeitsmarktfähigkeit   110
8.3.6   Personalfreisetzung   111

9   Motivations- oder Leistungsrisiko (Zurückgehaltene Leistung von Mitarbei-
tenden)   115
9.1   Identifizieren   115
9.1.1   Mangelndes Commitment   115
9.1.2   Innere Kündigung   116
9.1.3   Burnout/Ausbrennen   116
9.1.4   Unterschätzte ältere Mitarbeitende   116
9.1.5   Absentismus   117
9.2   Messen und überwachen   117
9.2.1   Commitmentindikator aus Mitarbeiterbefragung   117
9.2.2   Anzeichen innerer Kündigung   117
9.3   Steuern   119
9.3.1   Präventive Maßnahmen im Zentrum   119
9.3.2   Commitment und Arbeitszufriedenheit   120

  9.3.3   Innere Kündigung   120
  9.3.4   Burnout/Ausbrennen   121
  9.3.5   Ältere Mitarbeitende   121
  9.3.6   Absenzenprophylaxe   123

10   Integritätsrisiko   125
  10.1   Identifizieren   125
  10.2   Messen und überwachen   125
  10.3   Steuern   126

Teil III   Übergreifende Risikofelder

11   Führungsrisiken   131
  11.1   Identifizieren   131
  11.2   Messen und überwachen   132
  11.3   Steuern   133
      11.3.1   Führungstechnik und Führungskultur   134
      11.3.2   Vertrauen und Freiraum   135
      11.3.3   Experimentieren und reflektieren   136
      11.3.4   Kommunikation   138
      11.3.5   Sinn, Spaß, Spielraum   139

12   Risiken im HRM   143
  12.1   Identifizieren   143
      12.1.1   Zu wenig strategisch und werteorientiert   143
      12.1.2   Zu wenig unternehmerisch und kundenorientiert   144
      12.1.3   Unklares Rollenbild   145
      12.1.4   Fragen   145
  12.2   Messen und überwachen   145
  12.3   Steuern   147
      12.3.1   HR-Strategie   147
      12.3.2   Instrumente und Systeme   149
      12.3.3   Neues Rollenverständnis   151

13   Psychologischer Arbeitsvertrag   155

14   Breite Akzeptanz, aber noch zu wenig systematische Umsetzung   159

Literaturverzeichnis   161

Sachverzeichnis   165

Der Autor   169

Abbildungsverzeichnis

Abb. 2.1	Integriertes Personalrisikomodell	8
Abb. 2.2	Erweitertes Personalrisikomodell	9
Abb. 2.3	Schwerpunkte der Personalrisiken (Beispiel eines Finanzdienstleisters) .	12
Abb. 2.4	Risikozyklus	14
Abb. 3.1	Risiken haben in der Regel ihre Grundlage in den Menschen	19
Abb. 3.2	Augenöffner zur monetären Bedeutung der Personalrisiken	20
Abb. 3.3	Früherkennung (HR-Research)	21
Abb. 3.4	Warum Mitarbeitende kommen, bleiben, gehen	24
Abb. 3.5	Generationenprägungen	25
Abb. 3.6	Kernbelegschaft und flexible Belegschaft	26
Abb. 4.1	Risikomanagement bei Banken	28
Abb. 5.1	Checkfragen betreffend Personalrisiken und Personalcontrolling	31
Abb. 5.2	Felder des Personalcontrollings	32
Abb. 5.3	Stoßrichtungen des Personalcontrollings	33
Abb. 5.4	Ganzheitliche Beurteilung im Personalcontrolling	34
Abb. 5.5	Auswahl von Messgrößen	37
Abb. 5.6	Grundlage für das Cockpit eines Handelsunternehmens	38
Abb. 5.7	Cockpit Ampelmodell (Beispiel)	39
Abb. 5.8	Risikobeurteilungsmatrix (Beispiel)	40
Abb. 5.9	Elemente einer Humanvermögensrechnung (Modell und Beispiel)	41
Abb. 6.1	Spannungsfelder im Potenzialmanagement	47
Abb. 6.2	Integriertes Potenzialmanagement	52
Abb. 6.3	Kernkompetenzen (Beispiel)	54
Abb. 6.4	Strategische Belegschaftsentwicklung (Beispiel)	56
Abb. 6.5	Formular PotenzialanalyseEngpassrisiko	58
Abb. 6.6	Potenzialportfolio	59
Abb. 6.7	Führungskräfte- und Nachfolgeplanung (Beispiel)	61
Abb. 6.8	Individuelle Entwicklungsschwerpunkte	62
Abb. 6.9	Employer Branding	65
Abb. 6.10	Analyse des Arbeitgeberimages	66
Abb. 6.11	Anforderungsbezogene Interviewfragen	69

Abb. 7.1   Berechnung der Fluktuationskosten (Beispiel)   75
Abb. 7.2   Austrittsinterviews (Kartenspiel gemäß *Hilb*)   77
Abb. 7.3   Fragebogen zu Arbeitszufriedenheit und Resignation (Beispiel)   78
Abb. 7.4   Arbeitszufriedenheit und Resignation   79
Abb. 7.5   Beispiel zur Ermittlung des Ausfallrisikos für „gefährdete Zielgruppen".   80
Abb. 7.6   Zielgruppenorientierte RetentionmaßnahmenAustrittsrisiko   82
Abb. 7.7   Retentionmanagement (Maßnahmenfelder)   82
Abb. 7.8   Maßnahmen im Retentionmanagement   84
Abb. 7.9   Gerechtigkeitsprinzipien in Entgeltsystemen   85
Abb. 8.1   Risikofelder des Anpassungsrisikos   90
Abb. 8.2   Kompetenzspinne (Beispiel)   93
Abb. 8.3   Portfolio Anpassungsrisiko   93
Abb. 8.4   Bildungscontrolling   94
Abb. 8.5   Messgrößen zum Bildungscontrolling   96
Abb. 8.6   Fragen zum Unternehmenskultur-Fit   96
Abb. 8.7   Modell der Arbeitsmarktfähigkeit   97
Abb. 8.8   Berufliche Lebensphasen   98
Abb. 8.9   Wie lernt man? 102
Abb. 8.10 Wissensmanagement 103
Abb. 8.11 Zusammenspiel von harten und weichen Faktoren 106
Abb. 8.12 Weiche Faktoren in Mergers & Acquisitions 107
Abb. 8.13 FlexibilisierungsansätzeFlexibilität 109
Abb. 9.1   Fragen zum Commitment 118
Abb. 9.2   Burnout/Ausbrennen 122
Abb. 11.1 Führungsqualität messen (Beispiel) 133
Abb. 11.2 Zentrale Führungsaspekte 134
Abb. 11.3 Freiraum innerhalb breiter Leitplanken 136
Abb. 11.4 Experimentieren und reflektieren 137
Abb. 11.5 Der kleine Unterschied 140
Abb. 12.1 Risiken im HRMRisiken im HRM 144
Abb. 12.2 Kundenbefragung zum HRMRisiken im HRM 146
Abb. 12.3 Strategie- und werteorientiertes HRM 148
Abb. 12.4 HRM aus einem Guss 150
Abb. 12.5 Rollen des HRM (nach Ulrich) 151
Abb. 12.6 Organisation des HRM 152
Abb. 13.1 Psychologischer Arbeitsvertrag 156

Teil I

Personalrisikomanagement im Kontext des Unternehmens

Personalrisikomanagement – ein zentrales Thema **1**

Ein paar Beispiele sollen einen ersten Blick auf die Bedeutung des Personalrisikomanagements erlauben:

1.1   Fehlende Leistungsträger (Engpassrisiko)

- Jedes Unternehmen kann Projekte aufzählen, die nicht an die Hand genommen oder nicht zeitgerecht abgeschlossen werden konnten, weil personelle Kapazitäten fehlten.
- Eine große schweizerische Bankenorganisation verzichtete auf eine interessante Firmenübernahme, weil sie sich eingestehen musste, dass ihr das notwendige Managementpotenzial fehlte.
- In vielen Unternehmen gibt es größere und kleinere „stille Personalreserven", die fruchtbar gemacht werden könnten.
- Vor dem Hintergrund der demografischen Entwicklungen werden der Mangel an qualifizierten Fachkräften und der „Krieg der Talente" breit diskutiert.
- In 20–25 % der mittelständischen Unternehmen kommt es in den nächsten fünf Jahren zu einem Führungswechsel. Ihre Zukunft steht und fällt mit der Wahl der Nachfolger. Wenn viele Stabsübergaben scheitern sollten, hätte das gravierende Auswirkungen auf die Arbeitsplätze.

1.2   Gefährdete Leistungsträger (Austrittsrisiko)

- Ein amerikanisches Softwareunternehmen verlor einen führenden Softwarespezialisten an die Konkurrenz in einem Zeitpunkt, in dem das Unternehmen große Gewinne schrieb. Der Softwarechef warb 34 weitere Schlüsselpersonen ab. Ein Jahr später war aus dem Gewinn ein ähnlich hoher Verlust geworden.

J.-M. Kobi, *Personalrisikomanagement*, DOI 10.1007/978-3-8349-4210-4_1,
© Springer Fachmedien Wiesbaden 2012

- Als der Firmengründer und Chairman einer der größten Werbeagenturen das Haus verließ und seine eigene Agentur gründete, nahm er gleichzeitig die 30 kreativsten Köpfe und namhafte Kundenportefeuilles mit. Der Aktienkurs der alten Werbeagentur brach ein.
- Im Umfeld von Fusionen werden die Austrittsrisiken besonders deutlich. Die Gefahr, dass die besten Leute das Unternehmen verlassen, ist bei Zusammenschlüssen beträchtlich. Obwohl der Erfolg von Zusammenschlüssen entscheidend davon abhängt, ob es gelingt, die personellen Risiken in den Griff zu bekommen und die Leistungsträger für das neue Unternehmen zu gewinnen, wird die menschliche Dimension in der Bewertungsphase meist ausgeklammert.
- Austritte bedeuten Verlust an Know-how und kosten je nach Funktion ein halbes bis zwei Jahresentgelte.

1.3   Falsch qualifizierte Mitarbeitende (Anpassungsrisiko)

- Verschiedene Telekom-Unternehmen haben sich in den letzten Jahren von vielen Mitarbeitenden getrennt, weil sie neuen technologischen Anforderungen nicht mehr gewachsen waren oder neuen Herausforderungen nicht flexibel genug begegnen konnten. Gleichzeitig wurden Mitarbeitende mit anderen Qualifikationen eingestellt.
- Die Bereitschaft, auf einer veralteten Technik weiterzuarbeiten, für die noch über Jahre das Know-how bewahrt werden muss, wird Ingenieuren oft finanziell abgegolten. Dagegen ist nichts einzuwenden, wenn gleichzeitig glaubwürdige Anstrengungen unternommen werden, um diese Leute im Hinblick auf neue Techniken à jour zu halten. Das ist aber lange nicht immer der Fall.
- Vor allem in traditionellen Unternehmensumfeldern lassen zuweilen Mitarbeitende die Bereitschaft vermissen, sich an neue strategische und kulturelle Anforderungen anzupassen. Besitzstandsdenken und Anspruchsmentalität dominieren. Sie laufen Gefahr, eines Tages nicht mehr arbeitsmarktfähig zu sein.

1.4   Zurückgehaltene Leistung von Mitarbeitenden (Motivations- oder Leistungsrisiko)

- Gemäß einer internen Studie eines großen deutschen Industrieunternehmens leisten die 20 % besten Mitarbeitenden doppelt so viel wie die schwächsten 20 %. Wenn nur schon ein paar Mitarbeitende sich verstärkt engagieren, hat das spürbare Auswirkungen auf den Unternehmenserfolg.
- Ein Viertel der Mitarbeitenden hat innerlich gekündigt und hält mindestens einen Teil ihres Leistungsbeitrages zurück.

- Hoch engagierte Mitarbeitende fehlen vier Tage im Jahr, demotivierte zwölf Tage. Die Krankheitsabwesenheiten sind in Deutschland fast doppelt so hoch wie in der Schweiz. Das kostet Produktivität und beeinträchtigt das Arbeitsklima.
- Heute ist es nicht außergewöhnlich, dass Führungskräfte schon in jungen Jahren höchste Positionen erreichen. Gleichzeitig ist das Management einem massiv höheren Druck ausgesetzt. In einzelnen Unternehmen ist das Bild der ausgepressten Zitrone nicht unpassend. Es ist schwer vorstellbar, dass die heute 35-jährigen Spitzenmanager das geforderte Tempo 25–30 Jahre durchhalten können, ohne auszubrennen.
- Fast alle kennen in ihrem Bekanntenkreis rüstige 50–60-jährige, die von ihrem Unternehmen in den Vorruhestand geschickt wurden. Was das menschlich für viele der Betroffenen bedeutete und welches schwer ersetzbare Erfahrungswissen gleichzeitig das Haus verließ, wurde kaum je veranschlagt.
- Eines der größten Informatikunternehmen hat die Devise herausgegeben, weltweit seien alle „teuren" über 50-jährigen Führungskräfte durch junge, billigere zu ersetzen. Auf dem Papier ergaben sich große Einsparungen. Die Glaubwürdigkeit als Arbeitgeber ging allerdings verloren. Ein solcher Arbeitgeber kann kaum von den „Zurückbleibenden" erwarten, dass sie sich ihrerseits loyal verhalten.

Sich mit Personalrisiken beschäftigen heißt, sich fragen, welche Leute man in Zukunft braucht, wie man sie gewinnt und im Unternehmen hält, qualifiziert und motiviert. Es geht darum, die Risiken sichtbar und damit voraussehbar zu machen, damit sie begrenzt oder vermieden werden können. Wenn es gelingt, die Personalrisiken effizient zu steuern, stecken darin große Chancen.

Personalrisikomanagement im Überblick

2

2.1 Felder des Personalrisikomodells

Entscheidend ist ein *systematischer Ansatz*, der die Personalrisiken umfassend betrachtet und zu Risikogruppen zusammenfasst. Aus Unternehmenssicht ergeben sich vier Hauptrisikofelder:

- Fehlen Leistungsträger, entspricht dies einem *Engpassrisiko*. Es kann zwischen Bedarfslücken (funktionsbezogen) und Potenziallücken (personenbezogen) unterschieden werden. Fehlendes Potenzial kann intern nachgezogen oder extern rekrutiert werden.
- Austritte von Leistungsträgern entsprechen einem *Austrittsrisiko*. Es gilt, die gefährdeten Mitarbeitergruppen und Schlüsselpersonen zu erkennen und mit einem gezielten Retentionsmanagement im Unternehmen zu halten.
- Falsch qualifizierte Mitarbeitende oder solche, die Unternehmensziele nicht mittragen, stellen ein *Anpassungsrisiko* dar. Präventive Um- und Neuqualifizierungen sind angesagt.
- Zurückgehaltene Leistung entspricht einem *Motivationsrisiko*. Wenig Engagierte, Ausgebrannte, innerlich Gekündigte und ältere Mitarbeitende sind Beispiele dafür.

Mit diesen vier Hauptrisikofeldern werden sicher nicht alle Risiken erschöpfend erfasst. Die Praxis hat aber gezeigt, dass der ganz überwiegende Teil der aus Personalsicht relevanten Risiken damit abgedeckt werden können. Ergänzende, übergreifende Risikofelder werden in den Kap. 11–13 angesprochen.

Die Palette der Personalrisiken ist aus Abb. 2.1 ersichtlich.

Die einzelnen Personalrisiken können jeweils auf zwei Ebenen betrachtet werden: einerseits bezogen auf die für das Gesamtunternehmen erfolgskritischen Zielgruppen oder einzelnen Geschäftseinheiten und andererseits hinsichtlich einzelner Personen.

J.-M. Kobi, *Personalrisikomanagement*, DOI 10.1007/978-3-8349-4210-4_2,
© Springer Fachmedien Wiesbaden 2012

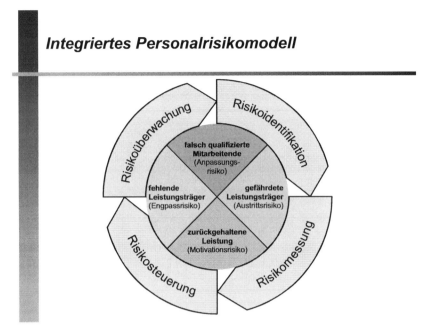

Integriertes Personalrisikomodell

Abb. 2.1 Integriertes Personalrisikomodell

2.2   Weitere Personalrisikofelder

Unternehmensbezogen kann es sinnvoll sein, das Grundmodell in Einzelaspekten anzupassen. Dabei kann es sich um inhaltliche Ergänzungen oder um begriffliche Anpassungen
handeln. Inhaltlich wurden beispielsweise in einzelnen Unternehmen folgende Risikofelder eingefügt, die weiter hinten näher betrachtet werden:

- Integritätsrisiko vor allem bei Banken (siehe Kap. 10)
- Führungsrisiken (siehe Kap. 11)
- HRM-Risiken (siehe Kap. 12)
- Psychologischer Arbeitsvertrag (siehe Kap. 13).

Weitere Unternehmen haben begriffliche Anpassungen vorgenommen und beispielsweise das Motivationsrisiko als Leistungsrisiko bezeichnet. Ein großes Verkehrsunterneh-
men geht von folgendem erweitertem Risikomodell aus (siehe Abb. 2.2).

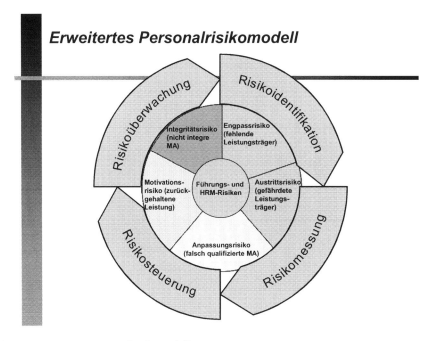

Abb. 2.2 Erweitertes Personalrisikomodell

2.3   Beurteilung der Personalrisikoschwerpunkte

Die folgenden Fragen sollen dazu dienen, die Schwerpunkte der Personalrisiken eines Unternehmens zu erfassen.

Leitfragen zur Erkennung von Personalrisikoschwerpunkten

Fragen zum Engpassrisiko

- Wie entwickelt sich der relevante Arbeitsmarkt?
- Hat das Unternehmen ein gutes Image als Arbeitgeber? Ist das Unternehmen auf dem Arbeitsmarkt als attraktiver Arbeitgeber positioniert?
- Welches sind in Zukunft die entscheidenden Kernkompetenzen der Mitarbeitenden?
- Besteht eine fundierte quantitative und qualitative Personalressourcenplanung?
- Welcher Potenzialbedarf ist länger- und mittelfristig erkennbar?
- Sind die Potenziale im Unternehmen bekannt?
- Gibt es einen systematischen Potenzialerfassungs- und -entwicklungsprozess?
- Verfügt das Unternehmen über das richtige Mitarbeiterpotenzial für die Zukunft? Ist eine genügende Managementkapazität vorhanden?
- Welche Engpässe sind bei welchen Zielgruppen vorauszusehen?

- Ist der Erfolg wichtiger Projekte durch mangelnde Mitarbeiterressourcen in Frage gestellt?
- Werden die Schlüsselpersonen mit fundierten Beurteilungsinstrumenten gezielt erfasst, gefördert und entwickelt?
- Gibt es einen Prozess, um den Potenzialen die Erfahrungen zu vermitteln, die sie brauchen, um die zukünftigen Herausforderung zu meistern?
- Bekommen Potenziale professionelle Lernbegleitung und sorgfältiges Entwicklungsfeedback?
- Gibt es spezifische Entwicklungs- und Förderprogramme?
- Besteht eine klare Personalmarketingstrategie?
- Zeichnet sich der Rekrutierungsprozess durch Professionalität und Schnelligkeit aus?
- Besteht ein attraktives Employer Branding?
- Werden neue Mitarbeitende sorgfältig ausgewählt?
- Werden neue Mitarbeitende behutsam eingeführt?

Fragen zum Austrittsrisiko

- Sind die Fluktuation und die echten Fluktuationsgründe für die kritischen Mitarbeitergruppen bekannt? Bleiben gute Mitarbeitende im Unternehmen?
- Wird detailliert analysiert, welche Gründe zu Abgängen führen?
- Warum verlassen Mitarbeitende das Unternehmen? Welche Abgänge waren unerwünscht und vermeidbar?
- Sind die Schlüsselpersonen, die dem Unternehmen unbedingt erhalten bleiben müssen, bekannt?
- Wird für die Schlüsselpersonen der Gefährdungsgrad systematisch erfasst?
- Wie gefährdet sind kritische Mitarbeitergruppen?
- Sind konkrete Maßnahmen vorgesehen, um gute Leute und gefährdete Schlüsselpersonen im Unternehmen zu halten (Retentionmanagement)?
- Sind die Arbeitgeberleistungen marktkonform?
- Entsprechen die materiellen und immateriellen Leistungen den Bedürfnissen der Schlüsselpersonen?
- Wird das Entgeltsystem fair gehandhabt?

Fragen zum Anpassungsrisiko

- Welche Kenntnisse und Fähigkeiten sind in Zukunft vermehrt gefordert? Welche Um- und Neuqualifizierungsnotwendigkeiten ergeben sich daraus?
- Wo bestehen Überkapazitäten, wo eine Unterdeckung?
- Werden Management und Mitarbeitende aller Stufen permanent weitergebildet?
- Besteht eine hohe Lernbereitschaft der Mitarbeitenden?
- Werden den Mitarbeitenden klare Botschaften vermittelt (Eigenverantwortung, Flexibilität, lebenslanges Lernen usw.)?

- Beteiligen sich alle Mitarbeitenden an Weiterbildungen?
- Stehen die Weiterbildungsschwerpunkte in engem Zusammenhang mit den Unternehmenszielen?
- Wird der Führungs- und Verhaltensschulung genügend Zeit eingeräumt?
- Haben Schulung am Arbeitsplatz und ein entsprechendes Coaching einen hohen Stellenwert?
- Wird dem Transfer in der Weiterbildung eine hohe Bedeutung beigemessen?
- Was wird konkret getan, um die Lern- und Veränderungsbereitschaft der Mitarbeitenden zu fördern?
- Inwieweit kann das Unternehmen als lernendes Unternehmen bezeichnet werden?
- Werden Projekte systematisch reflektiert, um daraus zu lernen?
- Besteht eine hohe Bereitschaft der Mitarbeitenden, sich an notwendigen Wandel und neue kulturelle Anforderungen anzupassen?
- Identifizieren sich die Mitarbeitenden mit der Strategie und der Unternehmenskultur?
- Sind die Mitarbeitenden genügend polyvalent und flexibel?
- Kann von einer hohen Arbeitsmarktfähigkeit der Mitarbeitenden ausgegangen werden?

Fragen zum Motivationsrisiko

- Besteht ein hohes Commitment der Mitarbeitenden?
- Wie zufrieden und motiviert sind die Mitarbeitenden?
- Hat sich die Mitarbeiterproduktivität kontinuierlich entwickelt?
- Gibt es viele innerliche Gekündigte? (wollen nicht mehr)
- Gibt es viele Ausgebrannte/Burnouts? (können nicht mehr)
- Sind viele Mitarbeitende dauernd überlastet?
- Werden die älteren Mitarbeitenden bis zu einer ordentlichen Pensionierung leistungsfähig erhalten?
- Gibt es Entwicklungsmöglichkeiten für ältere Mitarbeitende und entsprechende Programme?
- Hat die Frauenförderung einen hohen Stellenwert?
- Liegt die Absenzrate unter dem Branchendurchschnitt?
- Ist ein wirksames Absenzmanagement eingeführt?
- Gibt es wirksame Gesundheitspräventionsmaßnahmen?
- Werden ergiebige Mitarbeitergespräche geführt?

Aufgrund solcher Frage kann z. B. ein Risikoteam die unternehmensbezogenen Schwerpunkte grob abschätzen. Abbildung 2.3 zeigt das Beispiel eines Finanzdienstleisters.

In diesem Beispiel sind das Anpassungs- und das Motivationsrisiko besonders ausgeprägt. Die Schwerpunkte sind natürlich von Unternehmen zu Unternehmen unterschiedlich. Die Risikoausprägungen hängen von Faktoren wie Branche, Image, Unternehmenskultur, Belegschaftsstruktur, Standort usw. ab. Jedes Unternehmen muss diejenigen Risiko-

Risikofeld	Kritische Themen/Zielgruppen	Risikobeurteilung			
		mar-ginal	zu beach ten	kri-tisch	gravie rend
Engpassrisiko	– strategische Personalplanung muss im qualitativen Bereich vertieft werden – Engpässe in IT, bei Projekt-leitern und Controllern voraus-zusehen – Lücken im Führungsnachwuchs in ein paar Jahren – klares Personalmarketingkon-zept vorhanden – moderne Personalbeurteilungs-instrumente – professioneller Rekrutierungs-prozess – Führungskräfte- und Nach-folgeplanung im Aufbau		X		
Austrittsrisiko	– im Branchenvergleich geringe Fluktuation, Ausnahme Call Center – keine systematische Erfas-sung/Auswertung Austrittsgrün-de – keine Früherkennung strate-gisch wichtiger gefährdeter Schlüsselpersonen – fehlendes systematisches Re-tentionmanagement – marktkonforme Entgelte			X	
Anpassungs-risiko	– durch neue strategische Aus-richtung und neue Technologien hoher Um- und Neu-qualifizierungsbedarf – noch kein klares Portfolio des Qualifizierungsbedarfes – geringe Akzeptanz der neuen Strategie – begrenzte Veränderungsbereit-schaft; geringe Flexibilität und Mobilität der Mitarbeitenden – bisher wenig Personal-entwicklung				X
Motivationsrisiko	– geringes Commitment der Mit-arbeitenden gemäss Mitar-beiterbefragung – hoher Anteil innerlich Gekündig-ter – hohe Fehlzeitenquote – mittlere Ebene fehlt (fast nur junge und ältere Mitarbeitende) – bisher keine Gesundheits-präventionsmassnahmen				X

Abb. 2.3 Schwerpunkte der Personalrisiken (Beispiel eines Finanzdienstleisters)

felder näher analysieren und Steuerungsmaßnahmen in denjenigen Feldern erarbeiten, wo die gravierendsten Risiken vorhanden sind.

2.4 Risikozyklus

Grundsätzlich kann vom üblichen Risikozyklus ausgegangen werden, der sich an den Regelkreis des Wissensmanagements gemäß PROBST UND KNAESE anlehnt. Dabei wird zwischen identifizieren, messen, steuern und überwachen unterschieden.

Der Risikozyklus führt von der Identifikation über die Messung zur Steuerung und Überwachung (siehe Abb. 2.4).

Risikoidentifikation heißt, Risiken zu identifizieren und zu systematisieren. Unternehmen, die ihre Risikoschwerpunkte kennen, können ihre Maßnahmen auf die Bereiche mit den größten Risiken fokussieren. Deshalb ist eine Risikoidentifikation im Sinne einer fundierten Aufnahme des Ist-Zustandes unerlässlich. Ausgangspunkt sind Fragen zu jeder Risikodimension, die als Grundlage für ein Self Assessment, Expertenbefragung, ein Risikoteam oder Interviews dienen.

Bei der *Risikomessung* geht es um die Suche nach Messverfahren und die Quantifizierung der Risiken. Untersuchungen belegen eine klare Verbesserung, sobald das Risiko quantifiziert wird.

Modernes Personalcontrolling ist nicht nur operativ/quantitativ ausgerichtet (Kosten, Statistiken, Kennzahlen), sondern berücksichtigt die strategische (Früherkennung, Wertschöpfung, Zielabweichungen) und die qualitative Dimension (Potenzialerfassung, Mitarbeiterzufriedenheit, Kulturentwicklung und Führungsqualität). Das Ergebnis der Risikomessung kann in einer Risikobeurteilungsmatrix oder einem Cockpit dargestellt werden (siehe Abschn. 5.5).

In der *Risikosteuerung* werden auf der Basis der Risikoschwerpunkte gezielte Maßnahmen entwickelt, die geeignet sind, Risiken zu verhindern oder zu reduzieren. Am wirkungsvollsten sind in der Regel präventive Ansätze, die bei den steuerbaren Risiken ansetzen. In der Risikosteuerung werden die Prioritäten entsprechend der Risikoevaluation gesetzt. Die Kapitel zur Steuerung der Personalrisiken betreffen deshalb naturgemäß die einzelnen Unternehmen in unterschiedlicher Weise. Der in Abb. 2.3 vorgestellte Finanzdienstleister wird beispielsweise den Schwerpunkt auf die Anpassungs- und Motivationsrisiken legen.

Die *Risikoüberwachung* knüpft an die Risikomessung an und verfolgt die Entwicklung der Risiken mit den Instrumenten des Personalcontrollings. Wegen des engen Zusammenhanges werden Risikomessung und Risikoüberwachung gemeinsam behandelt. Dem Zusammenspiel von Personalrisiken und Personalcontrolling wird ein eigenes Kapitel gewidmet (siehe Kap. 5).

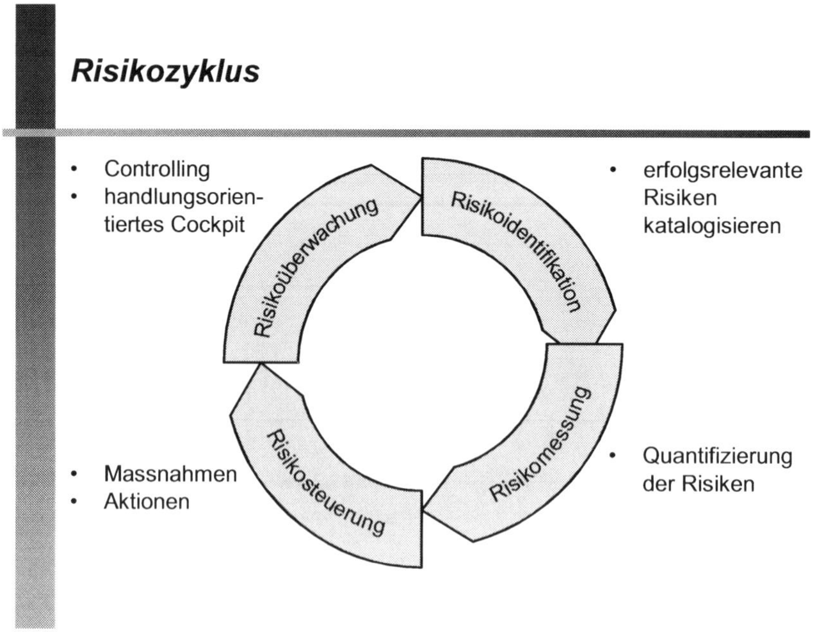

Risikozyklus

- Controlling
- handlungsorien-
  tiertes Cockpit

Risikoüberwachung

Risikoidentifikation

- erfolgsrelevante
  Risiken
  katalogisieren

- Massnahmen
- Aktionen

Risikosteuerung

Risikomessung

- Quantifizierung
  der Risiken

Abb. 2.4 Risikozyklus

Notwendigkeit eines Personalrisikomanagements 3

3.1 Vernachlässigtes Humanvermögen

Ein paar Augenöffner zeigen die Diskrepanz zwischen Theorie und Praxis auf:

3.1.1 Keine Ressource wird so schlecht genutzt wie die Human Resources

20–25 % der Mitarbeitenden haben innerlich gekündigt. Aufgrund zwischenmenschlicher Probleme geht rund ein Drittel der Zeit verloren. Mindestens 20 % der Mitarbeitenden fühlen sich unterfordert. Nur ein Teil der Fähigkeiten der Mitarbeitenden wird genutzt. Zwei Drittel der Austritte erfolgen primär aufgrund zwischenmenschlicher Schwierigkeiten und Mängeln in der Führung. Fast die Hälfte der Mitarbeitenden ist gelegentlich aufgrund der Situation am Arbeitsplatz krank. 70 % der Mitarbeitenden lesen den Stellenanzeiger. Das sind Indizien, dass der People value entscheidend gesteigert werden kann.

Nur ein Teil des verfügbaren Potenzials wird genutzt und entwickelt. Viele stille Reserven und Leistungspotenziale liegen brach. Bevor Märkte gewonnen werden können, müssen Menschen gewonnen worden sein.

3.1.2 Die Mitarbeitenden stehen nicht wirklich im Mittelpunkt

In einem deutschen Unternehmen begegnete ich einer mittleren Führungskraft, die ein Prisma vor sich auf dem Pult stehen hatte. Auf der dem Besucher zugewandten Seite stand: „Der Mensch im Mittelpunkt". Auf der dem Besucher abgewandten Seite war „Der Mensch als Mittel. Punkt" zu lesen. So menschenverachtend denken heute die wenigsten Führungskräfte. In Leitbildern werden die Mitarbeitenden häufig als Mittelpunkt bezeichnet. In Tat und Wahrheit fühlen sie sich aber oft als reiner Produktionsfaktor und unpersönlich behandelt. Vor lauter Wachstum, Fusionen, Erfolgsdruck, Reorganisationen und Entlassungen

J.-M. Kobi, *Personalrisikomanagement*, DOI 10.1007/978-3-8349-4210-4_3,
© Springer Fachmedien Wiesbaden 2012

bleiben die Mitarbeitenden auf der Strecke. Als Menschen interessieren sie nur am Rande, beziehungsweise nur im Sinne ihres Leistungsbeitrages. Tatsächlich fühlen sich viele Mitarbeitende unpersönlich behandelt und wenig gefördert. Die Mitarbeiterorientierung hinkt hinter der Marktorientierung her. Ein tiefgreifender Bewußtseinswandel, der den Menschen in der Wertehierarchie des Unternehmens einen zentralen Platz einräumt, ist unerlässlich.

Glaubwürdig ist nur ein Management, das auch in schwierigen Zeiten die Mitarbeitenden als wertvollste Ressource behandelt. Nicht forcierte Sparübungen bringen auf Dauer Gewinn, sondern der nachhaltige Aufbau von Humanpotenzial.

3.1.3   Die Führungsqualität ist in vielen Unternehmen unterentwickelt

Viele Führungskräfte fühlen sich nicht eigentlich für ihre Mitarbeitenden verantwortlich. Sie nehmen die Führungsaufgabe zu wenig ernst. Mängel in der Führung sind gemäß Umfragen der wichtigste Demotivationsfaktor. Folglich stehen die meisten Personalrisiken in engem Zusammenhang mit der Führungsqualität (siehe dazu Kap. 11).

3.1.4   Das HRM stagniert

Das HRM ist in vielen Unternehmen zurückgestuft worden oder stagniert. Die forcierte Kosten- und Shareholder-Value-Orientierung hat bei den Mitarbeitenden viel Vertrauen, Motivation und Image gekostet. Die HR-Arbeit ist kurzfristiger geworden, obwohl sie sinnvoll nur langfristig angegangen werden kann. Trotzdem menschliche Beziehungen und der Aufbau kultureller Werte Zeit brauchen, sind Feuerwehrübungen an der Tagesordnung.

Die HR-Manager beurteilen ihren eigenen Beitrag weit positiver als ihr Umfeld. Oft ist die Wertschöpfung des HRM schwer ersichtlich. Das HRM sollte sich nicht durch das definieren, was es tut, sondern durch das, was es bewirkt. Bis heute ist es dem HRM aber nicht gelungen, den eigenen Added Value sichtbar zu machen. In vielen Unternehmen ist das HRM nicht professionell genug oder basiert auf einem überholten Rollenverständnis.

Der Bezug zur Unternehmensstrategie wird nicht konsequent hergestellt. Wichtige Aufgaben werden nur ungenügend wahrgenommen (z. B. Management des Wandels, Gestaltung der Unternehmenskultur). Die HR-Manager haben oft zu wenig Einfluss, sind zu weit von den Entscheidungszentren entfernt und setzen falsche Prioritäten. Das HRM braucht einen Entwicklungsschub.

3.2   Steigende Bedeutung der Human Resources

3.2.1   Die Human Resources sind ein entscheidender Erfolgsfaktor

Mindestens in Unternehmensbroschüren werden die Human Resources als erfolgsent-
scheidender Faktor dargestellt. „Wenn Wissen und Können zu entscheidenden Faktoren werden, rückt der einzelne Mitarbeitende als Erfolgs- und Leistungsfaktor vor"
(BMW).

3.2.2   Die betriebswirtschaftliche Bedeutung ist unbestritten

Die Betriebswirtschaftslehre ist sich einig, dass ein bewusst gestaltetes HRM und hochentwickelte Tools in diesem Bereich sich produktivitätssteigernd auswirken. Gemäß amerika-
nischen Untersuchungen ist ein „pfleglicher" Umgang mit den Mitarbeitenden der einzige
nachhaltige Erfolgsfaktor. Langzeitstudien zeigen, dass Unternehmen, die als „great place
to work" taxiert wurden, auch „great places to invest" sind. Führungskräfte betrachten
die Entwicklung der Human Resources gemäß Umfragen als eine der zentralen Aufgaben der nächsten Jahre. In der Schweiz hat Wohlgemuth die wichtigsten Erfolgsfaktoren
unternehmerischen Handelns herausgearbeitet. Demnach ist Erfolg das Ergebnis des Zusammenspiels verschiedener Faktoren. Fast die Hälfte der definierten Erfolgsfaktoren hat
einen direkten Bezug zu den Human Resources.

   Die Bedeutung des Faktors Mensch als sensibelste und teuerste Unternehmensressource
wird zunehmend erkannt. In Dienstleistungsunternehmen sind 80–90 % der Wertschöpfung Personalkosten. Die Mitarbeitenden sind nicht nur der Hauptkostenfaktor, sie sind
auch der Hauptleistungs- und Hauptimagefaktor. Letztlich lohnt sich ein professionelles
Personalmanagement auch finanziell. Die Wissenschaft weist nach, dass sich Investitionen in die Human Resources bezahlt machen. Aus verschiedenen Forschungsvorhaben,
die einzelne Abhängigkeiten näher untersuchten, ergibt sich: Unternehmen mit größerem
Fokus auf die Mitarbeitenden, die in die Leistungspotenziale der Mitarbeitenden investieren, sie Wertschätzung spüren lassen, ein professionelles HRM betreiben und nicht vor-
schnell entlassen, sind insgesamt erfolgreicher und überlebensfähiger, haben eine größere
Identifikation und ein höheres Commitment der Mitarbeitenden, bessere Bewerber, zufrie-
denere Kunden, bessere Ergebnisse, ein stabileres Wachstum und einen höheren Börsen-
wert.

   Es sind nicht die Strategien, die erfolgreich sind, nicht die Strukturen, die die Zusammenarbeit erleichtern, nicht die Prozesse, die Effizienz erlauben, sondern in erster Linie
die Menschen, die sie mittragen. Erst über die Mitarbeiterorientierung werden Kunden-,
Qualitäts- und andere Orientierungen nutzbar. Eine Idee oder ein Vorhaben ist nur so gut
wie die Menschen, die sie umsetzen.

3.2.3   Je turbulenter die Zeit, desto wichtiger die Menschen

Der schnelle Wandel wird nur mit Mitarbeitenden zu bewältigen sein, die sich mit dem Unternehmen identifizieren und sich dafür engagieren. Die Bedeutung der Human Resources für Veränderungsprozesse wird immer wieder betont, praktisch aber wenig berücksichtigt. Die Mitarbeitenden sind der Schlüsselfaktor für Wandel- und Strategieimplementierung, weil die hemmenden und fördernden Kräfte von ihnen ausgehen. Größere Veränderungen gelingen nur, wenn sie von den Mitarbeitenden mitgetragen werden. In diesem Sinne gilt: „Change follows people".

3.2.4   Auch die Mitarbeitenden machen
eine Return-on-Investment-Rechnung

Die Mitarbeitenden entscheiden selbst über ihren Verbleib und ihr Engagement im Unternehmen. Das unterscheidet die Personalrisiken von anderen Risikofaktoren. Das Engagement der Mitarbeitenden hängt davon ab, ob sie spüren, dass das Unternehmen sich für sie engagiert. Wenn die Balance zwischen Unternehmens- und Mitarbeiterbeiträgen aus dem Gleichgewicht gerät, leidet das Engagement der Mitarbeitenden (siehe Kap. 13).

3.2.5   Der Unterschied zur Konkurrenz sind auch in Zukunft
die Mitarbeitenden

Der eigentliche Wettbewerb wird künftig immer mehr um die besten Mitarbeitenden stattfinden. Qualifizierte Mitarbeitende sind demographisch gesehen der entscheidende Engpassfaktor der Zukunft. Sie bestimmen oft die Grenzen von Leistungsfähigkeit und Wachstum. People make the difference. Die Wettbewerbsposition eines Unternehmens wird zunehmend durch die Qualität der Mitarbeitenden bestimmt. Zwischen Mitarbeiter- und Kundenzufriedenheit besteht ein enger Zusammenhang. Wenn die Mitarbeitenden emotional frieren, spüren das auch die Kunden.

Unternehmen, die für Mitarbeitende attraktiv sind, belegen auch Spitzenplätze bei Wachstum, Profitabilität und Innovation. Wer die besten Mitarbeitenden hat, erzielt den größten Erfolg am Markt und kann damit wiederum die besten Mitarbeitenden anziehen, in sie investieren und dadurch den Erfolg steigern.

3.2.6   Die Mitarbeitenden sind das, was wir vermögen

Seit Urzeiten behandelt man die Mitarbeitenden als Kostenfaktor, und Kosten versucht man zu senken. Wenn die Mitarbeitenden als wichtigstes Aktivum und als Investition in die Zukunft behandelt würden, könnte sich daraus eine andere Einstellung entwickeln. Die erfolgreichste Strategie dürfte darin bestehen, die Mitarbeiterorientierung als strategische Erfolgsposition zu besetzen und zu leben.

3.3 Gründe für ein fundiertes Personalrisikomanagement

Es gibt kein Risiko, das nicht direkt oder indirekt von Menschen verursacht wird. Die Bedeutung der Human Resources als wertvollste und sensibelste Ressource eines Unternehmens legt es nahe, die Personalrisiken ebenso fundiert anzugehen, wie das für andere Risiken bereits seit langem üblich ist. Während Kredit-, Zinsänderungs-, Prozess-, Markt- oder Umweltrisiken mit ausgefeilten Risikomodellen verfolgt werden, stellen die Personalrisiken für viele Unternehmen Neuland dar. Die Kosten, die durch Nichtbeachtung dieser Risiken ausgelöst werden können, werden kaum je angesprochen. Kurz: Es gibt kaum einen Unternehmensbereich, in dem mit weniger Systematik und Professionalität höhere Risiken eingegangen werden. Selbst Banken und Versicherungen, bei denen das Risikodenken zum Tagesgeschäft gehört, übertragen dieses Denken nur zögernd. Wie es beispielsweise im Kreditrisikomanagement immer weiter verfeinerte Modelle gibt, müsste auch das Personalrisikomanagement zunehmend professioneller angegangen werden.

Die *Ursache-Wirkungskette* bestätigt, dass nur die untersten, weichen Risikofelder eigentliche Frühwarnindikatoren sind (siehe Abb. 3.1). Sie sagen über die zukünftige Perfor-

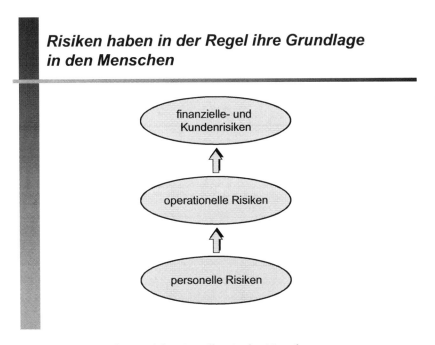

Abb. 3.1 Risiken haben in der Regel ihre Grundlage in den Menschen

Augenöffner zur monetären Bedeutung der Personalrisiken

Beispiel Unternehmen mit 5000 MA, Lohnsumme 300 Mio. €,
500 Neueinstellungen pro Jahr, 10 % Fluktuation

Verbesserung Rekrutierungsqualität
(20 % statt 33 % Flops)   4 Mio.
Reduktion Fluktuation von 10 auf 5 % (1 % = 1 % der
Lohnsumme)   15 Mio.
Reduktion Innere Kündigung um 4 % (= 1 % Lohnsumme) 3 Mio.
Reduktion Absenzen um 1 % (= 1 % der Lohnsumme)   3 Mio.
Verbesserung Commitment um 5 Punkte (1 Punkt = 1 %) 15 Mio.

Total in €   **ca. 40 Mio.**

Abb. 3.2 Augenöffner zur monetären Bedeutung der Personalrisiken

mance des Unternehmens wesentlich mehr aus als die momentanen finanziellen Ergebnisse. Der Erfolg von Dienstleistungsunternehmen hängt entscheidend vom Wissen und der Leistungsbereitschaft der Mitarbeitenden ab. Die Beurteilung der Personalrisiken ist ein zuverlässiger zukunftsbezogener Indikator.

Die *Kosten,* die durch Nichtbeachtung von Personalrisiken ausgelöst werden können, werden meist unterschätzt. So zeigen z. B. einfache Berechnungen, dass jede Personaleinstellung auf mittlerer Ebene eine Investition darstellt, die bei Sachinvestitionen von aufwändigen Evaluationen begleitet würde. Ein Beispiel lässt erkennen, dass sich unter ein paar realistischen Annahmen rasch ein größeres Einsparpotenzial eröffnet (siehe Abb. 3.2).

Werden negative Entwicklungen frühzeitig erkannt, können sie *präventiv* angegangen werden. Richtig verstandenes Personalrisikomanagement ist keine Feuerwehrübung. Erst die langfristige Sicht erlaubt Früherkennung und präventives Angehen der Risiken.

Alle zentralen HR-Themen wie Demografie, strategische Personalplanung, Beitrag zur Umsetzung der HR-Strategie, Potenzialmanagement, Führungsqualität, Flexibilisierung und lebenslanges Lernen stehen in einem engen Zusammenhang zu den Personalrisiken.

Personalrisiken sind die Grundlage fokussierter und präventiver Personalarbeit und erlauben es, die richtigen Schwerpunkte zu setzen.

3.4 Entwicklungen und Trends, die die Personalrisiken beeinflussen

Personalrisikomanagement und Früherkennung sind eng miteinander verzahnt. Um die Personalrisiken fundiert beurteilen zu können, braucht es eine systematische Früherkennung (HR-Research), die den Personalrisiken besondere Beachtung schenkt.

Das HR-Research hat die Aufgabe, mit zeitlichem Vorsprung auf Ereignisse hinzuweisen, die für das Unternehmen besonders risiko- bzw. chancenträchtig sind. Entwicklungen sollen so frühzeitig erkannt werden, dass rechtzeitig Maßnahmen eingeleitet werden können. Ein Früherkennungssystem ist eine wichtige Grundlage des Risikomanagements.

Idealerweise sollen Aussagen zu externen (Umfeld, Arbeitsmarkt) und internen Entwicklungen (Strategie, Kultur, Struktur) gemacht werden, die es erlauben, die wesentlichen Chancen und Risiken unternehmensspezifisch abzuschätzen und den Handlungsbedarf zu konkretisieren (siehe Abb. 3.3).

Der *Umfeldradar* lotet die relevanten wirtschaftlichen, gesellschaftlichen und technischen Entwicklungen aus. Die Herausforderung besteht darin, aus der Vielzahl von Publikationen und Daten (z. B. Konjunkturdaten, Trendforschung, Umfragen, psychologische Landkarte usw.) die für das Unternehmen wesentlichen Trends herauszufiltern und die Führungskräfte dafür zu sensibilisieren.

Auch die umfangreichen Daten zum *Arbeitsmarkt* (Demografie, Trends und Entwicklungen, Anzahl Hochschulabgänger, Entwicklung von Beschäftigung und Teilzeitarbeit,

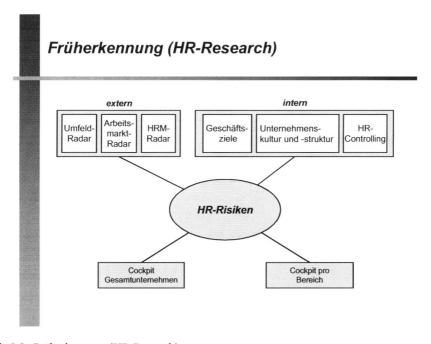

Abb. 3.3 Früherkennung (HR-Research)

Bedürfnisse und Erwartungen der Mitarbeitenden usw.) sind nur nützlich, wenn sie unternehmensspezifisch aufbereitet werden. Zudem sind Entwicklungen und *Herausforderungen im HRM* zu verfolgen, und von Ansätzen guter Praxis zu lernen.

Ebenso wichtig wie die externen sind die *internen Entwicklungen*. Dabei kann es sich um strategische (z. B. Strategieänderung), kulturelle oder organisatorische Herausforderungen handeln. Sie sind allerdings immer unternehmensspezifisch und lassen sich im Unterschied zu den externen Einflüssen nicht verallgemeinern. Im Folgenden werden die externen Einflüsse aus Umfeld und Arbeitsmarkt auf die Personalarbeit vertieft betrachtet.

3.4.1 Externe Einflüsse und Entwicklungen

Umfeldeinflüsse

- Gesellschaftliche Einflüsse:
  - Alles wird schneller, unberechenbarer und turbulenter.
  - Ökonomisierung in allen Bereichen
  - Demografie
  - Gelockerte Loyalitäten
  - Ausgeprägtes Wachstums- und Gewinndenken
  - Balance Beruf/Familie
  - Age of less (Nachhaltigkeit, Verzicht)
  - Im Sinne einer Gegenbewegung werden Sicherheit und Geborgenheit vermehrt geschätzt.
- Wirtschaftliche Einflüsse:
  - Globalisierung
  - Verstärkter Leistungsdruck, Stress
  - Individualisierung
  - Fusionen und Zusammenschlüsse, Kooperationen, Netzwerke
  - Kurzfristiges Erfolgsdenken, Instantmentalität
  - Industrialisierung des Dienstleistungssektors usw.
- Technologische Einflüsse:
  Der technologische Wandel vollzieht sich immer schneller (technologische Quantensprünge und Innovationszyklen werden immer kürzer; neue Medien). Er verlangt Mitarbeitende, die flexibler und besser qualifiziert sind.

3.4.2 Bedürfnisse und Erwartungen der Mitarbeitenden

Die Stimmung in den Unternehmen wird kälter und aggressiver. Es erstaunt deshalb nicht, dass im Gegenzug gutes Arbeitsklima in Umfragen besonders nachdrücklich gefordert wird.

Die Erwartungen der Mitarbeitenden an ihr Unternehmen sind unterschiedlich, vielschichtig und manchmal widersprüchlich. Jedem Trend steht ein Gegentrend gegenüber. Dennoch dürften ein paar Entwicklungen nicht mehr umkehrbar sein. Gemäß Umfragen haben die meisten jungen Mitarbeitenden eine grundsätzlich positive Einstellung zur Leistung. Bei etwa der Hälfte liegt eine „klassische Leistungsorientierung" vor, d. h., die Leistung spielt eine tragende Rolle in ihrem Leben. Bei den anderen haben Familie/Ehe/Partnerschaft oder Freizeit einen höheren Stellenwert. Gerade die Hochqualifizierten werden in Zukunft immer weniger alles der beruflichen Arbeit unterordnen. Die Zahl derjenigen, die ihren Lebenssinn fast ausschließlich aus der Arbeit ableiten, nimmt ab, und die Sinnfrage wird immer dringlicher gestellt. Nur ein Viertel der Jugendlichen ist einseitig an Karriere interessiert. Den Übrigen sind Sicherheit und Geborgenheit wichtiger als ein Leben im Dauerexperiment.

Die Bedeutung der materiellen Leistungen ist differenziert und stufenabhängig zu betrachten. Bei den eher ausführenden Mitarbeitenden bleiben wohl weiterhin soziale Sicherheit und gesichertes Einkommen wichtig. Für die übrigen dürfte die intrinsische Motivation im Vordergrund stehen.

Die Mitarbeitenden gewichten die Gründe für Kommen, Bleiben oder Gehen unterschiedlich (siehe Abb. 3.4). Für das Kommen stehen Image, interessante Arbeit und Entwicklungsmöglichkeiten im Vordergrund, für das Bleiben interessante Aufgaben, die selbständig erledigt werden können, und für das Gehen das Verhältnis zum Vorgesetzte, Entwicklungschancen und Arbeitsumfeld.

Die einzelnen Generationen lassen sich gemäß Abb. 3.5 grob charakterisieren und wollen unterschiedlich angesprochen werden.

Die jüngeren und qualifizierteren Mitarbeitenden sind:

- Emanzipierter, selbstbewusster, anspruchsvoller
- Individualistischer, betonen Eigeninteressen stärker
- Suchen herausfordernde, abwechslungsreiche Arbeit
- Glauben an ihre Chance und sind bereit, dafür einen Beitrag zu leisten
- Wollen Freiraum für autonomes Handeln; akzeptieren immer weniger autoritäre Führung und ausgeprägte hierarchische Strukturen
- Suchen mehr Dialog, Mitsprache und Partnerschaft in der eigenen Arbeit
- Erwarten persönliche Entwicklungsperspektiven
- Trachten nach Sinn in der Arbeit; ethische Werte gewinnen an Bedeutung
- Legen Wert auf menschliche Beziehungen, angenehme Atmosphäre und Wertschätzung; suchen bewusst das passende kulturelle Umfeld
- Wünschen individuelle Arbeitszeitgestaltung (Arbeitszeitsouveränität, Wahlmöglichkeiten)
- Suchen Anerkennung für ihre Leistungen (materiell und immateriell)
- Identifizieren sich immer weniger mit dem Unternehmen, dem sie tendenziell weniger trauen; Bindung zum Unternehmen wird loser

Warum Mitarbeitende kommen, bleiben, gehen
(Ranking der Bedeutung)

	kommen	bleiben	gehen
Image	1		
interessante Arbeit	2	1	
Entwicklungsmöglichkeit	3		2
materielle Leistungen	4	4	4
Selbständigkeit		2	
Arbeitsumfeld		3	3
Vorgesetzter			1

Abb. 3.4 Warum Mitarbeitende kommen, bleiben, gehen

Die Unternehmen werden lernen müssen, mit selbstbewussteren, ichbezogeneren und anspruchsvolleren Mitarbeitenden umzugehen.

3.4.3 Entwicklung des Arbeitsmarktes

Tendenziell wird der Arbeitsmarkt qualifizierter, älter und weiblicher.

Demographisch ist eine Verschiebung der Alterspyramide absehbar. Das Durchschnittsalter der Mitarbeitenden steigt kontinuierlich. Der Anteil der erwerbstätigen Bevölkerung wird durch zwei Entwicklungen kleiner. Einerseits treten weniger junge Menschen in den Arbeitsprozess ein und andererseits verkürzt sich die Lebensarbeitszeit durch längere Ausbildungen und frühere Pensionierungen. Das hat auch Folgen für die Sozialversicherungen. In einer im Umverteilungsverfahren organisierten Altersversicherung werden entweder die Arbeitnehmer mehr übernehmen müssen, die Rentner weniger bekommen oder das Rentenalter hinauszuschieben sein. Personalpolitisch gesehen ist zu fragen, wie die *älteren Mitarbeitenden* bis zu ihrer ordentlichen Pensionierung leistungsbereit erhalten werden können und wie sich die Verschiebung der Alterspyramide auf den Generationenvertrag auswirkt.

Angesichts der *Veränderungen der Qualifikationsanforderungen* vieler Berufsbilder ist davon auszugehen, dass sich der Mangel an qualifizierten Mitarbeitenden weiter verstärkt.

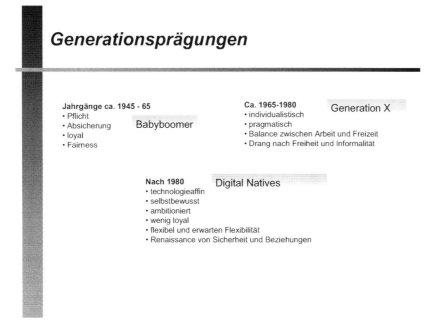

Abb. 3.5 Generationenprägungen

Gleichzeitig dürfte aber die Zahl der Arbeitsplätze für unqualifizierte und ungelernte Arbeitnehmer zurückgehen. Der Arbeitskräftemangel ist differenziert zu betrachten, sind doch nicht alle Hochschulabsolventen auf dem Arbeitsmarkt gleichermaßen gesucht.

Die *Frauenerwerbstätigkeit* wird voraussichtlich weiter zunehmen und der Anteil der Frauen in Führungspositionen stark steigen, sobald eine kritische Menge von Frauen Führungspositionen bekleidet. Zukünftige Partnerschaftsformen rufen nach neuen organisatorischen und personalpolitischen Lösungen (z. B. flexible Arbeitsverträge, verschiedene Formen von Teilzeit- und Telearbeit, kreative Kinderbetreuungsmöglichkeiten usw.).

Auch in Unternehmen entsteht zunehmend eine *Zweiklassengesellschaft*. Im Zentrum steht die stabile Kernbelegschaft. Darum herum bildet sich eine größer werdende flexible Belegschaft, d. h., neben den Know-how-Trägern, die entwickelt und umsorgt werden, gibt es eine zunehmende Zahl unterschiedlich qualifizierter Mitarbeitender, die nicht fest angestellt sind. Die Kernbelegschaft wird voraussichtlich weiter schrumpfen, während die Zahl der freien Unternehmer, Temporären und Teilzeitbeschäftigten wächst. Anstellungen auf Zeit und sogenannte Portfolioworker, die in verschiedenen Unternehmen arbeiten, werden zahlreicher (siehe Abb. 3.6).

Aus Sicht der Unternehmen resultiert mehr Flexibilität. Auf Arbeitnehmerseite ist die Bilanz zwiespältig. Die Hochqualifizierten, die auf eine große Selbständigkeit und Freiheit Wert legen, schätzen Freiheit und Selbstentwicklungsmöglichkeiten. Auch sie können aber

Kernbelegschaft und flexible Belegschaft

Kernbelegschaft

- Schlüsselfunktionen
- vernetzte, unternehmensspezifische Aufgaben
- hohe Bindung/Identifikation
- besondere Anstellungsbedingungen, Entwicklungsmöglichkeiten, Erfolgsbeteiligung usw.

flexible Belegschaft

- Aufgaben ausserhalb Kernfunktionen
- geringe Bindung
- unterschiedliche rechtliche Ausgestaltung
- kaum Weiterbildung

Abb. 3.6 Kernbelegschaft und flexible Belegschaft

vom Tempo der Veränderungen überfordert werden. Weniger Qualifizierte, die auf gere-
gelte Arbeit und Einkommen angewiesen sind, dürfte die Entwicklung verunsichern.

Sicher ist, dass der mehr oder weniger lebenslang garantierte Arbeitsplatz der Vergan-
genheit angehört. Alle werden sich darauf einstellen müssen, dass sie in ihrem Leben mehrere Berufe und teilweise gleichzeitig mehrere Tätigkeiten ausüben. Die Konsequenzen sind
ambivalent. Zum einen können Berufsleben und privater Bereich unter Umständen besser
aufeinander abgestimmt werden, zum andern entstehen Arbeitsverhältnisse mit geringerer
Sicherheit. Volkswirtschaftlich liegt in der Zweiklassengesellschaft sozialer Sprengstoff.

Unter diesen Aspekten müssen sich Unternehmen fragen, ob und in welchem Ausmaß sie die Zweiklassengesellschaft aktiv fördern wollen. Zwischen Kernbelegschaft und
flexibler Belegschaft braucht es eine gesunde Balance, die unternehmensspezifisch zu definieren ist.

Die Berichterstattung zu den Personalrisiken wird zur Pflicht

4

Neuerdings sind regulatorische Anforderungen zu erfüllen. Berichterstattung über Risiken wird zur Pflicht.

Das Gesetz zur Kontrolle und Transparenz im Unternehmen (*KonTraG, § 91 Abs. 2 AktG*) hat Früherkennung im Auge. Darin werden die Vorstände einschlägiger Gesellschaften ausdrücklich verpflichtet, ein internes Überwachungssystem einzurichten, damit Entwicklungen, die den Fortbestand der Gesellschaft gefährden, früh erkannt werden können. Zu den Risikofeldern gehören die qualitativen Risiken, zu denen auch die Personalrisiken gehören. Sie können im individuellen Unternehmenskontext definiert, erfasst und durch Kontrollmechanismen permanent überwacht werden. Die Prozesse sind so zu gestalten, dass jederzeit Risiken und Ausnahmesituationen rechtzeitig erkannt werden können. Die nähere Ausgestaltung des Personalrisikomanagements wird den Organisationen überlassen. In dieselbe Richtung geht das Transparenz und Publizitätsgesetz (TranPug).

In eine ähnliche Richtung zielt eine neue Bestimmungen im *Schweizerischen Obligationenrecht* (Art. 663b Ziff. 12 OR), die Unternehmen verpflichtet, eine Beurteilung derjenigen Risiken, welche einen wesentlichen Einfluss auf die Beurteilung der Jahresrechnung haben können, durchzuführen. Der Gesetzestext lässt allerdings viel Spielraum.

Den größten Einfluss dürften die Bestimmungen von Basel II + III gewinnen, die direkt die Banken betreffen. Sie wirken sich aber indirekt auch auf die Unternehmen aus. Neben den erweiterten Anforderungen an das Kreditrisiko wird die Eigenkapitalunterlegung von operationellen Risiken gefordert. Es werden Anforderungen für die Messung und Unterlegung operationeller Risiken gestellt. Personalrisikomanagement wird aufsichtsrelevante Risikokategorie (siehe Abb. 4.1). Je besser die operationellen Risiken gemanagt werden, desto niedriger sind die Eigenkapitalanforderungen. Gegenwärtig wird das Regelwerk *Basel III diskutiert*, das unter anderem weitergehende Eigenmittelvorschriften enthält. Dieses Reformpaket geht weit über die bestehenden Regelungen hinaus und versucht, Lehren aus der Finanz- und Wirtschaftskrise zu ziehen. Die Umsetzung von Basel III wird die Bedeutung des Ratings für Unternehmen durch die kreditgebenden Banken weiter erhöhen.

J.-M. Kobi, *Personalrisikomanagement*, DOI 10.1007/978-3-8349-4210-4_4,
© Springer Fachmedien Wiesbaden 2012

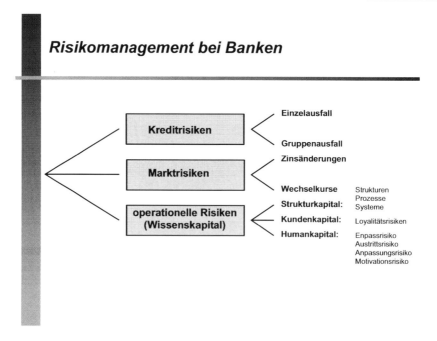

Abb. 4.1 Risikomanagement bei Banken

Dabei wird die Einschätzung der Risikosituation auch von der Bewertung der Risiken im Personalbereich abhängen.

Für Versicherungen wird 2012 *Solvency II* zusätzliche Anforderungen stellen.

Die Umsetzung der verschiedenen Bestimmungen vermag leider bisher nicht zu überzeugen. In Geschäftsberichten finden sich nur vereinzelt Hinweise auf ein vorhandenes Personalrisikomanagement und einzelne Personalrisiken. Es dominiert eine zahlenorientierte Sichtweise, die sich auf die leicht zugänglichen Daten, das heißt auf die harten Faktoren beschränkt. Nur 6 % der Jahresberichte betreffen Personalrisiken. Damit werden die gesetzlichen Anforderungen nur unvollständig erfüllt. Die Hans Böckler Stiftung kommt in einer Standortbestimmung für Deutschland zum Schluss, die Lageberichterstattung der DAX 30 erfülle die wesentlichen Anforderungen des KonTraG unzureichend. Der Bereich Personal ist verglichen mit anderen Unternehmensbereichen immer noch ein relativ unerschlossenes Risikofeld.

Entscheidend ist nicht, dass die Personalrisiken eine aufsichtsrelevante Risikokategorie werden, sondern dass sich die Verantwortlichen damit beschäftigen, weil sie von deren Bedeutung überzeugt sind und nicht weil der Gesetzgeber es verlangt.

Personalrisiken und Personalcontrolling 5

Der *Begriff* Controlling weckt zuweilen negative Assoziationen, weil er mit Kontrolle in Verbindung gebracht wird. Gerade das ist aber damit nicht gemeint. Controlling ist im ursprünglichen Sinn von lenken, leiten und steuern zu verstehen. Es ist ein Steuerungsinstrument mit dem Ziel, die HR-Arbeit transparenter und durch konkrete Maßnahmen besser zu machen. Zukünftiges Controlling ist nicht rückwärts gerichtet, sondern schaut in die Zukunft.

Zwischen Personalrisiken und Personalcontrolling bestehen vielfältige Interdependenzen. Das Personalrisikomanagement geht über das traditionelle Personalcontrolling hinaus. Es ist einerseits proaktiver, strategischer und qualitativer. Andererseits wird die Steuerung der Personalrisiken maßgeblich durch das Personalcontrolling unterstützt. Der Personalrisikoansatz bietet sich als Grundlage für die Gliederung des Personalcontrollings geradezu an. Für alle Risikofelder, aber speziell für die Risikoschwerpunkte, sind Messgrößen zu entwickeln, und der Handlungsbedarf in einem Cockpit aufzuzeigen. Das Personalcontrolling muss klar auf die strategischen Erfolgsfaktoren und die Personalrisiken ausgerichtet sein.

5.1 Messen ist eine Krücke, aber eine notwendige Krücke

Eine Ist-Aufnahme zeigt Folgendes:

- Die meisten Unternehmen begnügen sich mit ein paar wenigen Kennzahlen zu Personalkosten und Personalstatistik. Das ist ungenügend. Umgekehrt übertreibt eine Minderheit in die andere Richtung und trägt eigentliche Zahlenfriedhöfe zusammen, die weitgehend unbeachtet bleiben. Auch da ist die richtige Balance zu finden.

J.-M. Kobi, *Personalrisikomanagement*, DOI 10.1007/978-3-8349-4210-4_5,
© Springer Fachmedien Wiesbaden 2012

- Der Schwerpunkt des Personalcontrollings lag bisher im operativen und quantitativen Bereich. Gemessen wird das, was einfach zu messen ist. Die strategischen sowie die weichen und qualitativen Elemente werden weit weniger berücksichtigt. Sie sind aber, wie der nicht sichtbare Teil des Eisberges, oft wichtiger als die harten Faktoren. Es braucht den Mut, qualitative Messgrößen im Personalcontrolling aufzunehmen, wie es z. B. im Marketing schon lange üblich ist. Die qualitative Dimension ist entscheidend. Die Mitarbeitenden sind nicht nur unter Kosten-, sondern auch unter Leistungs- und Nutzengesichtspunkten zu betrachten. Gerade die weichen Faktoren sind im HRM von besonderer Bedeutung.
  Typischerweise lässt sich in der Personalarbeit nicht alles messen. Die meist sehr mathematischen Modelle des Risikomanagements sind wenig hilfreich. Trotzdem sollte nicht auf eine Messung verzichtet werden. Auch wenn die qualitativen, kulturellen Elemente nicht direkt gemessen werden können, ist es doch möglich, Erfolgsmaßstäbe festzulegen und eine Beurteilung vorzunehmen. Die Möglichkeiten zur Risikomessung sind größer, als allgemein angenommen wird.
- Die erhobenen Kennzahlen sind wenig auf die strategischen Erfolgsfaktoren ausgerichtet. Zuweilen fehlt eine Soll-Perspektive, und deshalb ist keine Steuerungsrelevanz gegeben.
- Das Personalcontrolling ist meist rückwärts gerichtet und wird kaum als Steuerungsinstrument genutzt.
- Die vorhandenen Daten werden nicht handlungsbezogen interpretiert.
- Messen ist ein Stiefkind des HRM. Die Chancen eines Personalcontrollings werden wenig gesehen.
- Von einer Bewertung des Humanvermögens ist man weit entfernt.

Für ein verstärktes Personalcontrolling spricht:

- Nur was gemessen wird, zeigt Wirkung.
- Das Personalcontrolling hat Steuerungs-, Frühwarn- (weniger Überraschungen), Orientierungs- (Förderung strategischer Aufgaben) und Augenöffnerfunktionen im Sinne der Sensibilisierung für wesentliche Entwicklungen im HRM. Richtig verstandenes Personalcontrolling fördert die Transparenz und bildet die Grundlage einer vorausschauenden, unternehmerischen und professionellen HR-Arbeit. Außerdem stellt sie einen Beitrag zur ökonomischen Durchdringung des HRM dar. Personalcontrolling macht Entwicklungen sichtbar, zeigt vorhandenes Potenzial auf und liefert Vergleichsdaten zur Führungsqualität und zur Personalarbeit als Grundlagen konkreter Maßnahmen. Das unternehmerische Denken und die Output-Orientierung werden bei den HR-Mitarbeitenden verstärkt.
- Untersuchungen belegen eine klare Verbesserung, sobald das Risiko quantifiziert wird. Während das Finanzcontrolling schon lange etabliert ist, gewinnt das Personalcontrolling erst in neuerer Zeit an Konturen. Darin spiegelt sich das zunehmende Bewusstsein,

	stimmt völlig	stimmt teil- weise	stimmt we- niger	stimmt überhaupt nicht
	4	3	2	1
Die oberste Führung ist an Personalrisiken und Personal- controlling sehr interessiert.	❑	❑	❑	❑
Die Führungskräfte nutzen das Personalcontrolling als Steuerungsinstrument.	❑	❑	❑	❑
Die Schwerpunkte des Personalcontrollings sind aus der Personalstrategie und den Personalrisiken abgeleitet.	❑	❑	❑	❑
Es werden nicht nur Kennzahlen, sondern auch Indikatoren und Beurteilungen von Standards erhoben.	❑	❑	❑	❑
Das Gerüst der Messgrössen ist einfach und übersichtlich.	❑	❑	❑	❑
Die Ergebnisse werden analysiert und handlungsorientiert kommentiert.	❑	❑	❑	❑
Es ist bereits eine gute Datenbasis für Personalrisiken und Personalcontrolling vorhanden.	❑	❑	❑	❑

Abb. 5.1 Checkfragen betreffend Personalrisiken und Personalcontrolling

dass die Mitarbeitenden nicht nur die teuerste, sondern auch die sensibelste und wichtigste Ressource sind.

• Personalcontrolling hilft, agieren zu können, statt reagieren zu müssen.

Ein paar Checkfragen zum Personalcontrolling sollen der Standortbestimmung dienen (siehe Abb. 5.1).

5.2 Ganzheitliches Personalcontrolling

Quantitatives und operatives Personalcontrolling genügt nicht. Es braucht einen Quantensprung im Personalcontrolling von ad hoc Messgrößen zu strategischem und qualitativem Personalcontrolling (siehe Abb. 5.2). Zukünftiges Personalcontrolling ist strategieorientiert, berücksichtigt die qualitativen Elemente und ist zudem handlungsbezogen.

Personalcontrolling wird strategischer, qualitativer, handlungsorientierter und einfacher (siehe Abb. 5.3).

5.2.1 Strategisch

Das Personalcontrolling muss klar auf die strategischen Erfolgsfaktoren ausgerichtet sein. Richtschnur für die Definition der Schwerpunkte ist die HR-Strategie. Das strategische Personalcontrolling steht am Ende eines Prozesses, der bei der Unternehmensstrategie ansetzt und den Grad der Strategieumsetzung in den verschiedenen HR-relevanten Feldern überprüft. Es muss eine langfristige und zukunftsbezogene Sicht gewinnen.

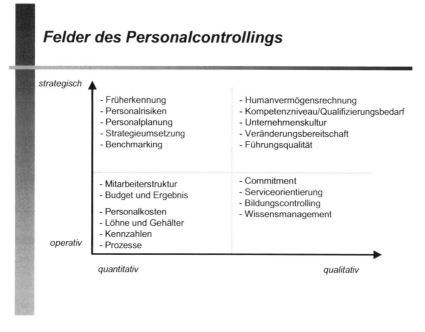

Abb. 5.2 Felder des Personalcontrollings

Die entscheidenden Fragen lauten:

- Tun wir das Richtige?
- Handeln wir professionell?
- Arbeiten wir wirtschaftlich?

oder konkreter:

- Wird der Grad der Strategieumsetzung (Soll-/Ist-Vergleich) regelmäßig ermittelt?
- Werden die HR-Instrumente und Aktivitäten konsequent auf die strategischen Schwerpunkte ausgerichtet?
- Werden die strategischen Projekte und Programme umgesetzt? Wird die Zielabwei-
  chung gemessen?

In der Praxis ist strategisches Personalcontrolling weit schwächer vertreten als operatives Personalcontrolling.

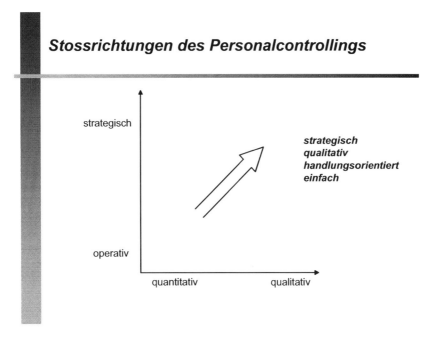

Abb. 5.3 Stoßrichtungen des Personalcontrollings

5.2.2   Qualitativ

Bei einer einseitigen Orientierung an harten Facts und Zahlen werden die Mitarbeitenden nur unter Kosten-, statt auch unter Leistungs- und Nutzengesichtspunkten betrachtet. Gerade die weichen Faktoren sind im HRM von besonderer Bedeutung.

Auch wenn die weichen Faktoren nicht immer direkt gemessen werden können, sind sie mindestens beurteilbar. Aus Mitarbeiter- und Kundenbefragungen oder Imagestudien können z. B. Indikatoren entwickelt werden.

Besonders in turbulenten Zeiten ist es wichtig, dass die Führungskräfte wissen, wie ihre Mitarbeitenden denken und was sie vom Unternehmen erwarten. Untersuchungen zeigen aber, dass die Wünsche der Mitarbeitenden den Führungskräften vielfach wenig bekannt sind oder dass sie sie verzerrt wahrnehmen. Die wenigsten Mitarbeitenden bringen ihre Unzufriedenheit ungefragt zum Ausdruck. In Unternehmen einer gewissen Größe braucht es deshalb ergänzend zu den Mitarbeitergesprächen *Mitarbeiterbefragungen*. Die qualitative Seite (z. B. Zufriedenheit, Führung, Betriebsklima) kann durch Befragung von Führungskräften und Mitarbeitenden repräsentativ ermittelt werden. Eine Mitarbeiterbefragung schafft eine objektivierte Grundlage und macht Dinge diskutierbar. Es entsteht ein repräsentatives Bild der Erwartungen und Bedürfnisse der Mitarbeitenden. Die Führungskräfte erhalten einen Spiegel ihrer Führung. Problembereiche und Ansätze für zukunftsge-

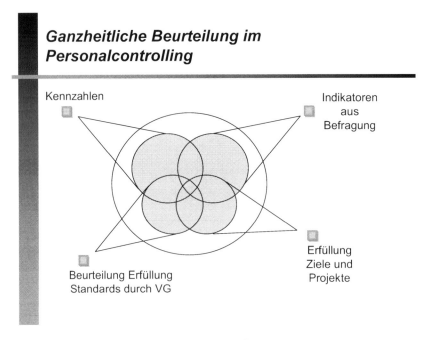

Abb. 5.4 Ganzheitliche Beurteilung im Personalcontrolling

richtete Personalarbeit werden aufgezeigt. Sozusagen nebenbei werden die Mitarbeitenden
für den Wandel und neue Themen sensibilisiert.

Mitarbeiterbefragungen sind viel konsequenter in den Dienst des Personalcontrollings
zu stellen. Sie müssen betriebsspezifisch konzipiert sein, die qualitative Dimension einbeziehen und professionell durchgeführt werden. Ohne Information und Feedback an die
Mitarbeitenden sowie konkrete Maßnahmen können sie sich nicht positiv auswirken.

5.2.3 Ganzheitlich

Wenn das Personalcontrolling als Steuerungsinstrument mit strategischen und qualitativen Aspekten genutzt werden soll, genügen die traditionellen Kennzahlen nicht. Das ganze
Feld des Personalcontrollings wird nur gültig abgebildet, wenn auch die Beurteilung von
Standards und Befragungsergebnisse (Mitarbeiter- und Kundenbefragungen) einbezogen
werden. Es braucht den Mut, qualitative Messgrößen ins Personalcontrolling einzubeziehen. Um ein Gesamtbild zu erhalten, sind alle drei Elemente, traditionelle Kennzahlen,
Indikatoren aus Befragungen und die Beurteilung von Standards heranzuziehen und zu
einem Gesamtbild zu formen (siehe Abb. 5.4).

Am gebräuchlichsten sind *Kennzahlen*. Sie bewegen sich meist im operativen und quantitativen Bereich. Dazu gehören beispielsweise Strukturdaten und Kosten sowie traditionelle Kennzahlen wie Fluktuation, Absenzen usw.

Standards definieren Grenzwerte oder Bandbreiten, die nicht über oder unterschritten werden sollten. Wie weit die in Standards konkretisierten Spielregeln eingehalten werden, kann zwar schwerlich in Zahlen gemessen, aber sehr wohl beurteilt werden (Self Assessment, Beurteilung durch Dritte). Voraussetzung sind überprüfbare Standards. Standards werden aus den Grundsätzen der HR-Strategie abgeleitet und zeigen, was konkret erwartet wird. Sie sind anspruchsvoller als Kennzahlen, weil sie die Entwicklung einer maßstabbildenden Sollvorstellung voraussetzen. Konkrete Standards sind unerlässlich, um anschließend feststellen zu können, ob ein Versprechen eingehalten wurde. Grundsätzen ohne Standards mangelt es an Verbindlichkeit.

Der Grundsatz einer offenen Information kann beispielsweise durch einen Standard konkretisiert werden, wonach zwei Tage nach der Geschäftsleitungssitzung alle Mitarbeitenden über wichtige Entscheide stufengerecht informiert sind. Die Aussage, Interne sollten bei der Besetzung von Führungspositionen den Vorrang haben, kann durch einen Standard verdeutlicht werden der vorsieht, dass 80 % der Stellen intern zu besetzen sind. Der Grundsatz der Flexibilität aller Mitarbeitenden findet möglicherweise seinen Niederschlag in der Aussage, dass nach sieben Jahren in der gleichen Funktion der weitere Verbleib des Stelleninhabers in der Funktion grundsätzlich überdacht wird.

Auf Gebieten, für die noch wenig Erfahrung besteht, kann mindestens ein Annäherungswert festgelegt werden, der dann kontinuierlich hinterfragt wird. Diese Auseinandersetzung erlaubt es, sich langsam dem „richtigen" Wert zu nähern.

Indikatoren aus Befragungen fassen die Ergebnisse aus Mitarbeiter- bzw. Kundenbefragungen in verdichteter Form zusammen. Gerade die weichen, qualitativen Aspekte wie Commitment, Führungsqualität oder Kundenzufriedenheit können sinnvoll nur über Befragungen abgedeckt werden. Für das Personalcontrolling ist es besonders interessant, verschiedene Fragestellungen zu einem Gesamtindex zusammenzufassen, dessen Entwicklung dann verfolgt werden kann.

5.2.4 Einfach und handlungsorientiert

Zu viele und zu komplexe Messgrößen bewirken wenig. Die Herausforderung besteht darin, sich auf die Messgrößen mit der größten Hebelwirkung zu beschränken, die etwas auszulösen vermögen. Ziel sollten möglichst wenige, aber aussagekräftige Messgrößen sein.

Auf Perfektion ist zu verzichten. Es ist besser, ungefähr richtig, als überhaupt nicht zu messen. Bandbreiten sind häufig sinnvoller als scheingenaue Zahlen. Entscheidender als zwei Stellen hinter dem Komma sind die großen Entwicklungslinien.

Personalcontrolling soll etwas bewirken und auf einfache Weise aufzeigen, wo Handlungsbedarf besteht. Das kann zum Beispiel mit einer Risikobeurteilungsmatrix oder einem

Cockpit geschehen (siehe Abschn. 5.5). Damit wird das Personalcontrolling zu einem effizienten Steuerungsinstrument mit direktem Nutzen für die Linie.

Balanced Scorecard kann das strategische Denken auf allen Führungsstufen fördern. Das Unternehmensgeschehen wird auf einfache Weise dargestellt, und es können Maßnahmen zur Steuerung der erfolgskritischen Größen vorgesehen werden. Ungeeignete Scores können allerdings falsche Zeichen setzen. Ohne Unterstützung von oben und eine saubere Definition der Messgrößen entsteht keine brauchbare Grundlage. Um die Scorecards im Unternehmen zu verankern, sind sie als fester Bestandteil in den Zielvereinbarungsprozess zu integrieren.

5.3   Beurteilungsmöglichkeiten

Die im allgemeinen Risikomanagement verwendeten Methoden, um Risiken zu messen, wie z. B. Verlustdatenbank, Monte-Carlo-Simulation, Value-at-Risk- oder Worst-Case-Szenarien sind für eine Anwendung im Personalrisikomanagement wenig geeignet.

Zur Aufnahme des Ist-Zustandes stehen folgende Erhebungsmethoden, die situationsspezifisch eingesetzt werden, im Vordergrund:

- *Self Assessment* im Sinne einer Selbsteinschätzung der Personalrisiken (z. B. durch ein Risikoteam) sind in der Praxis am häufigsten. Die Beurteilung kann anhand eines Fragebogens erfolgen. Häufigkeit und Tragweite der einzelnen Risiken werden von den Teilnehmern abgeschätzt.
- *Befragung von Schlüsselpersonen:* Eine differenzierte Befragung ausgesuchter Schlüsselpersonen kann mit wesentlich geringerem Aufwand zu ähnlichen Ergebnissen wie die Befragung sämtlicher Mitarbeitenden führen.
- *Risk-Audit durch Externen.*
- *Brainstorming.*
- *HR-Research:* Eine große Bank ist sich bewusst geworden, dass ihr wichtige Grundlagen fehlen, um die Risiken sicher abschätzen zu können. Sie hat deshalb ein eigentliches HR-Research entwickelt, das ihr erlaubt, aus externen und internen Indikatoren Schlüsse zu ziehen.

Das Ergebnis der Beurteilungen ist eine Sammlung von Personalrisiken mit den dazugehörenden Bewertungen und Maßnahmenansätzen.

5.4   Auswahl der Messgrößen

Die Auswahl der erfolgsentscheidenden Messgrößen ist sowohl von besonderer Bedeutung, als auch anspruchsvoll. Der Aufwand liegt in der Auswahl der für das Unterneh-

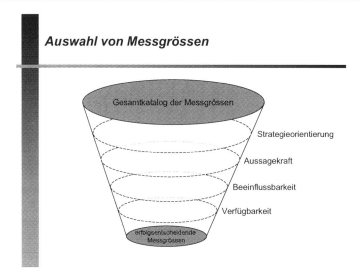

Auswahl von Messgrössen

Abb. 5.5 Auswahl von Messgrößen

men entscheidenden strategischen Erfolgsparameter sowie im Festlegen von Standards und Bandbreiten.

Der Auswahlprozess kann im Sinne eines Trichters mit verschiedenen Sieben erfolgen. So werden aus einem Katalog möglicher Messgrößen die erfolgskritischen unternehmensspezifischen Anforderungen herausgefiltert (siehe Abb. 5.5).

Kriterien für die Beurteilung der Messgrößen sind:

- *Strategieorientiert:* Die Strategieorientierung ist aufgrund der HR-Strategie zu beurteilen. Wenn die Rekrutierung von Innen ein wichtiges Anliegen darstellt, liegt eine entsprechende Messgröße näher, als wenn dies nicht der Fall ist. Kennzahlen zum internen Stellenmarkt oder zur Leistungsverrechnung ergeben nur Sinn, wenn entsprechende Ziele dahinterstehen.
- *Aussagekräftig:* Aussagekräftig sind Messgrößen, die etwas auszulösen vermögen. Beispiele: Interessanter als die Gesamtfluktuation ist wahrscheinlich die Fluktuation von Schlüsselpersonen und wichtiger als Zufriedenheitsbefragungen nach Seminaren der tatsächliche Wissenstransfer. Die Kunst besteht darin, sich auf diejenigen Messgrößen zu beschränken, die auch etwas auszulösen vermögen.
- *Beeinflussbar:* Messgrößen, die nicht oder nur schwer beeinflussbar sind, haben nicht das Potenzial, zu konkreten Handlungen zu führen.
- *Verfügbar:* Der Aufwand zur Erhebung der Daten, ist ein weiteres Auswahlkriterium. Daten, die von den Vorgesetzten oder dem HRM nur mit großem Aufwand ermittelt werden können, sind wenig geeignet.

	Soll/Band-breite	Ist Vorjahr	Ist Geschäftsjahr	Erfüllung
1. Personalkosten im Rahmen des Budgets	-	erfüllt	erfüllt	+
2. Anteil Führungskräfte (%)	max. 20%	25	23	-
3. Fluktuationsrate (ohne Aus-zubildende)	max. 7%	8%	7%	+
4. Fluktuationsrate im ersten Jahr	max. 15%	20%	18%	-
5. Frauenquote	mind. 20%	5%	10%	-
6. Absenzrate (Krankheit/Unfall)	max. 6%	6%	6%	+
7. Personalentwicklungstage pro Mitarbeiter	mind. 6	3	4	-
8. Führungsschulungstage pro Führungskraft	mind. 3	2	2	-
9. Anteil MA über 10 Jahre in Funktion	20%	25%	25%	-
10. Nachfolgen gemäss Plan	80%	60%	80%	+
11. Mitarbeiterzufriedenheitsindex gemäss Umfrage	80%	65%	70%	-
12. Informationsindex	80%	50%	40%	--
13. Führungsindex	3.7	3.4	3.5	-
14. Jährliches Mitarbeiterge-spräch	mind. 1	erfüllt	erfüllt	+
15. Beurteilung Arbeit HRM durch Kunden (Linienvorgesetzte)	3.5	3.2	3.3	-
16. Erfüllung konkretes Jahresziel	100%		120%	+

Abb. 5.6   Grundlage für das Cockpit eines Handelsunternehmens

Der folgende Katalog möglicher Messgrößen (siehe Abb. 5.6) definiert die Messgrößen eines Handelsunternehmens und beurteilt sie aufgrund der Soll-Vorstellung.

5.5   Darstellung in einer Risikobeurteilungsmatrix oder einem Cockpit

Viele Controllingdaten sind schwer verständlich und kaum verdichtet. Eine Beschränkung auf das Notwendige und die konsequente Ausrichtung auf das Aufzeigen des Handlungs-bedarfes sind entscheidend. Bewährt hat sich der Ansatz, die relevanten Messgrößen im Sinne eines Ampelmodells auf einem Blatt darzustellen. Durch Zusammenfassung und

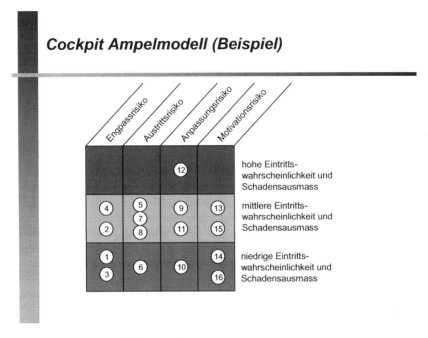

Abb. 5.7 Cockpit Ampelmodell (Beispiel)

Kommentierung der Ergebnisse in einem Cockpit wird eine klare Handlungsorientierung erzielt. Der Linie wird damit ein effizientes Steuerungsinstrument in die Hand gegeben. Die Daten können einerseits für das Gesamtunternehmen und andererseits für die einzelnen Organisationseinheiten dargestellt werden.

Abbildung 5.7 zeigt das Cockpit des Handelsunternehmens gemäß Abb. 5.6. Jeder Geschäftsführer erhält auf einem Blatt die Werte für seine Filiale. Für jede Kennzahl ist eine Bandbreite definiert. Kritisch und näher betrachtet werden diejenigen Werte, die außerhalb des grünen Bereiches liegen. Die Ergebnisse sollen kommentiert werden. Der Added Value liegt in der sorgfältigen Analyse und im Aufzeigen von Handlungsansätzen. Damit wird ersichtlich, wo Handlungsbedarf besteht.

Die Risiken können auch in einem Risikoportfolio oder einer Risk Map dargestellt werden. Die Risikointensität ist dabei das Produkt von Eintrittswahrscheinlichkeit und Tragweite der Auswirkungen, die in einer Risikobeurteilungsmatrix dargestellt werden (siehe Abb. 5.8).

5.6 Humanvermögen

Bei der Humanvermögensbetrachtung geht es um eine zukunftsbezogene Beurteilung der Qualität und des Engagements der Mitarbeitenden. Wenn es stimmt, dass unternehmeri-

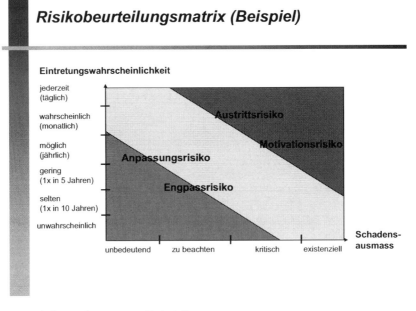

Abb. 5.8 Risikobeurteilungsmatrix (Beispiel)

scher Erfolg eng mit dem Humanvermögen zusammenhängt, muss er auch messbar gemacht werden. Ziel muss sein, das Humanvermögen praxisnah zu definieren und systematisch zu bewerten, um Maßnahmen zu seiner Entwicklung daraus ableiten zu können.
Die Hoffnung vieler HR-Verantwortlicher, den Beitrag zur Wertsteigerung des Humanvermögens nach einem allgemein akzeptieren Modell beurteilen zu können, dürfte allerdings
noch geraume Zeit ein Desideratum bleiben. Zwar besteht eine Vielzahl von Modellen, aber
keines vermochte sich uneingeschränkt durchzusetzen. Bisher ist es nicht überzeugend gelungen, das Humanvermögen von Unternehmen ganzheitlich zu bewerten. Eine Übersicht
der Bewertungsmethoden findet sich in FRIEDERICHS UND ARMUTAT (S. 95).

In meinem Buch „Balance im Management" habe ich einen eigenen Ansatz entwickelt,
der strategiebezogen und einfach gehalten ist. Wenn man es mit dem Strategiebezug ernst
meint, können die einzelnen Elemente und besonders ihre Gewichtung von Unternehmen
zu Unternehmen variieren. Jedes Unternehmen muss sein eigenes Modell definieren und
die Entwicklung der Ergebnisse über längere Zeit verfolgen. Damit sind interne Vergleiche
leichter möglich als externe.

Aufgrund langjähriger Beschäftigung mit den relevanten Erfolgsfaktoren scheinen mir
folgende Aspekte zentral:

- *Personalrisiken*: Die Personalrisiken stellen einen entscheidenden und bisher vernach-
  lässigten Aspekt von Humanvermögensrechnungen dar.

Elemente einer Humanvermögensrechnung (Modell und Beispiel)

Personalrisiken (Anpassung, Engpass, Austritt, Motivation)	25 %	75	19	
Kompetenzniveau	25 %	60	15	69
Commitmentindex	25 %	80	20	
Führungsqualität u. Qualität HRM (Enabler)	25 %	60	15	

Abb. 5.9 Elemente einer Humanvermögensrechnung (Modell und Beispiel)

- *Kompetenzniveau* auf dem Hintergrund eines klaren Soll und dargestellt als Ergebnis von Performance und Potenzial.
- *Commitment* mit den Komponenten Identifikation mit der Arbeit, Identifikation mit dem Unternehmen sowie Leistungs- und Veränderungsbereitschaft, die in einer Mitarbeiterbefragung erhoben werden.
- Effizienz und Qualität der *HR-Arbeit* sowie *Führungsqualität*.

Einer Gesamtbeurteilung dieser Aspekte kann der Erfolg des Unternehmens gemessen an geeigneten Messgrößen (z. B. EBIT pro Mitarbeitender) gegenübergestellt und über längere Zeit verfolgt werden (siehe Abb. 5.9).

Zu den einzelnen Elementen bestehen entsprechende einfache Tools.

Teil II
Die Zentralen Personalrisiken

Engpassrisiko (Fehlende Leistungsträger)

6

6.1 Identifizieren

Als Engpassrisiken können Bedarfs-, Potenzial- und Rekrutierungslücken betrachtet werden.

6.1.1 Bedarfslücken

Die Bedarfslücken lassen sich wie folgt weiter auffächern:

- *keine fundierte quantitative und qualitative Personalressourcenplanung*: Weniger als 50 % der Unternehmen haben eine systematische Personalbedarfsplanung, die über Kopfzahlen hinausgeht. Oft erfolgt sie nur partiell mit kurzfristiger Optik oder sie ist wenig in die Unternehmens- und Personalstrategie integriert. Es besteht auch keine Klarheit über Zielgruppen und Engpässe.
- *fehlende Mitarbeitende in kritischen Zielgruppen:* Aus demografischen Gründen werden in Zukunft vor allem qualifizierte Mitarbeitende fehlen. Viele Unternehmen werden Ziele nicht erreichen oder Projekte nicht realisieren können, weil es an entsprechend qualifizierten Mitarbeitenden fehlt. Teilweise suchen Unternehmen schon heute verzweifelt nach Informatikern, Projektleitern oder anderen Spezialisten. Die voraussehbaren demografischen Entwicklungen werden immer noch viel zu wenig ernst genommen.
- In verschiedenen Unternehmen ist voraussehbar, dass innerhalb der nächsten Jahre mehr als die Hälfte der Führungsmannschaft ersetzt werden muss, ohne dass allerdings vorausschauend etwas unternommen würde.
- Kürzlich äußerte der CEO von Siemens, er sehe bis 2020 eine Lücke von 14.000 Mitarbeitenden in seinem Unternehmen. Angesichts des Ingenieurmangels stehe mittelfristig die Grundlage des Wohlstandes in Deutschland in Gefahr.

J.-M. Kobi, *Personalrisikomanagement*, DOI 10.1007/978-3-8349-4210-4_6,
© Springer Fachmedien Wiesbaden 2012

6.1.2 Potenziallücken

Potenzial bezeichnet die Fähigkeiten, die eine Person zwar besitzt, aber zurzeit noch nicht optimal einsetzen kann. Potenziale unterscheiden sich nicht nur durch ihre fachlichen Qualifikationen, sondern noch mehr durch ihre soziale Kompetenz und ihr Engagement. Potenzialmanagement beinhaltet die Gesamtheit personalpolitischer Maßnahmen, die sicherstellen sollen, dass jederzeit genügend leistungs- und potenzialstarke Mitarbeitende zur Verfügung stehen.

Im Einzelnen können die Potenzialrisiken wie folgt umschrieben werden:

- Schwierige Besetzung von Schlüsselfunktionen:
  - Fehlende potenzielle Nachfolger für wichtige Schlüsselfunktionen.
  - Die Demografiediskussion hat das Thema der Potenziale und Talente bedeutsamer gemacht, zum Teil wird sogar vom „Krieg der Talente" gesprochen.
- Ungenügende Nutzung interner Potenziale:
  - Viel Potenzial liegt brach. Bei den eigenen Mitarbeitenden sind meist noch unausgeschöpfte Potenziale vorhanden. Das Potenzial der Mitarbeitenden besser zu nutzen als die Konkurrenz, ist ein entscheidender Wettbewerbsvorteil. Qualifizierte Mitarbeitende kann man nur beschränkt einkaufen, man muss sie durch neue Aufgaben und Herausforderungen entwickeln. Die internen Potenziale werden unterschätzt. Viele interessante Positionen werden mit Externen besetzt, obwohl die externe Besetzung von Schlüsselpositionen riskanter ist.
  - Ein Risiko sind auch fehlende zuverlässige Kenntnisse über die Potenziale der Mitarbeitenden, insbesondere über die Leistungsträger. Nur wenige Unternehmen verfügen über eine aus der Unternehmensstrategie abgeleitete Personalplanung und ein darauf basierendes effizientes Potenzialmanagement. Am weitesten scheinen in dieser Beziehung die Pharma- und Informatik-Unternehmen zu sein.
  - Der häufigste Grund für Austritte sind fehlende Entwicklungsperspektiven. Die Entwicklungserwartungen guter Mitarbeitender werden häufig enttäuscht.
- Keine funktionierenden Potenzialprozesse:
  - Potenziale werden nicht frühzeitig identifiziert und entwickelt. Sie sind nur in ein Viertel der Unternehmen wirklich bekannt.
  - Für wichtige Funktionen fehlen Stellvertreter und potenzielle Nachfolger.
  - Da, wo sie vorhanden sind, werden die Instrumente und Systeme des Potenzialmanagements oft nicht konsequent gehandhabt. Potenzialmanagement braucht einen langen Atem. Die Unternehmen verfügen zwar teilweise auf dem Papier über potenzielle Nachfolger für Schlüsselstellen. Wenn Führungspositionen frei werden, kann jedoch erfahrungsgemäß nur eine von drei Stellen durch eigene Mitarbeitende besetzt werden.
  - Das Management kümmert sich oft zu wenig um den eigenen Nachwuchs.
  - Die Potenziale werden nicht planmäßig entwickelt.

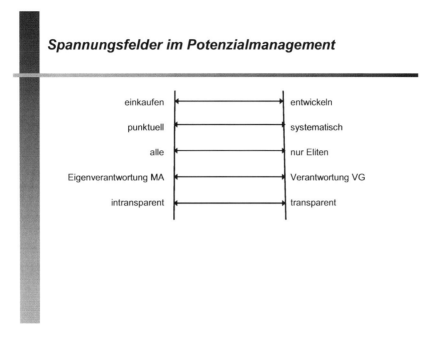

Abb. 6.1 Spannungsfelder im Potenzialmanagement

Spannungsfelder

Im Potenzialmanagement gibt es eine Reihe von Spannungsfeldern (siehe Abb. 6.1), die vorab geklärt werden sollten. Möglicherweise sind viele Potenzialkonzepte wenig erfolgreich, weil die angesprochenen Grundfragen nicht genügend geklärt wurden.

Einkaufen oder entwickeln?

Unternehmen unterscheiden sich darin, ob sie eher versuchen, auf das interne Potenzial aufzubauen, indem sie es systematisch erfassen und entwickeln, oder ob sie fehlendes Potenzial regelmäßig am Markt einkaufen. Weniger als 50 % der Unternehmen berücksichtigen primär interne Kandidaten bei der Besetzung von Führungspositionen. Dass es auch anders geht, zeigen die folgenden Beispiele. Bei Bosch sind es 90 %. Auch bei Hilti gilt der Grundsatz, dass die zukünftigen Manager intern entwickelt werden.

Die Vorteile von interner Rekrutierung und Entwicklung liegen auf der Hand. Interne haben bereits einen Leistungsnachweis erbracht, verfügen über ein Netzwerk, sind mit der Unternehmenskultur vertraut und kosten weniger. Interne Entwicklungsmöglichkeiten stellen für Interne Perspektiven dar, die ihnen verbaut werden, wenn ihnen immer wieder Externe vor die Nase gesetzt werden. Trotzdem geht es nicht um ein Entweder-oder. Es braucht sowohl die Entwicklung der internen Potenziale, wie von Zeit zu Zeit eine „Blutauffrischung" von Außen. Priorität sollten aber die eigenen Mitarbeitenden haben.

Punktuell oder systematisch?

Potenzialmanagement wird breit befürwortet, aber selten konsequent umgesetzt. Die Ansätze sind oft zu punktuell (z. B. Konzentration auf Hochschulmarketing).

Potenzialerfassung und -entwicklung ist kein einmaliger Kraftakt. Kontinuität und seriöse Pflege zahlen sich erst mittelfristig aus. Glaubwürdigkeit entsteht durch die Einhaltung verbindlicher Standards.Nur wenn bei Beförderungen und Versetzungen konsequent Bezug auf diese Grundlage genommen wird, lebt das Potenzialmanagement.

Eliten oder breiter Einbezug?

Wenn Potenzialmanagement einseitig auf die kleine Gruppe der Besten fokussiert wird, werden die übrigen Mitarbeitenden demotiviert. Neben der Förderung der Eliten dürfen die übrigen Leistungsträger nicht vernachlässigt werden. Sie geben dem Unternehmen Stabilität, stellen das Gedächtnis des Unternehmens dar und prägen die Unternehmenskultur. Eine Mannschaft mit lauter Stars ist nicht unbedingt erfolgreicher als ein Team durchschnittlicher Spieler, die sich uneigennützig für den gemeinsamen Erfolg einsetzen. Potenzialmanagement ist Breitensport. Ohne die Mitarbeitenden aus der 2. Reihe könnten viele Unternehmen nicht überleben. Auch sie wollen beachtet werden. Nicht einzelne Personen bringen Unternehmen weiter, sondern ein starkes Kollektiv und eine tragfähige Mittelschicht.

Verantwortung der Vorgesetzten, der Mitarbeitenden oder des HRM?

Ohne sichtbare Verpflichtung des *Management*s lebt ein Potenzialmanagement nicht. Es braucht den aktiven Einbezug des Managements, das sich intensiv mit den Potenzialen auseinandersetzt, damit ein Potenzialmanagement glaubhaft wirkt.

Potenzialerfassung und -entwicklung ist eine Linienaufgabe. Die *Vorgesetzten* spielen die Schlüsselrolle. Sie dürfen ihre ureigenen Aufgaben nicht an das HRM abschieben, wohl aber eine solide Vorbereitung auf ihre Aufgaben (Potenzialeinschätzung, Entwicklungsgespräche, Mitarbeiterentwicklung) erwarten.

Grundsätzlich bringt jeder Mensch Fähigkeiten mit, die es zu entdecken und zu entwickeln gilt. Der Neurobiologe HÜTHER plädiert für einen Wechsel von der Ressourcenausnutzung zur Potenzialentfaltung.

Das *HRM* schafft lediglich einen Rahmen und koordiniert. Es ist für ein optimales Portfolio und die aktive Betreuung der Potenzialressourcen besorgt. Folgende Aufgaben stehen im Vordergrund:

* Bereitstellen von Grundlagen und Instrumenten
* Bereichsübergreifende Sicherung der Schlüsselfunktionen
* Beratung und Unterstützung der Bereiche
* Koordination der Ergebnisse zuhanden der Geschäftsleitung
* Controlling der Potenzialerfassung und -entwicklung

Den *Mitarbeitende*n ist bewusst zu machen, dass sie für ihre Entwicklung primär selber verantwortlich sind. Das Unternehmen unterstützt sie während der ganzen beruflichen

Laufbahn durch individuelle Möglichkeiten zur Standortbestimmung. Nur wer eigenverantwortlich sich selber führen kann, entspricht den Anforderung einer höheren Funktion. Echte Potenziale pflegen sich selber.

6.1.3 Rekrutierungsrisiken

- *Fehlende/unklare Personalmarketing-Konzepte:* Ein eigentliches Marketingdenken ist im HRM noch wenig verbreitet.
- *Mangelnde Arbeitgeberattraktivität:* Einerseits wird die Mitarbeiterrekrutierung entscheidend durch das Image geprägt und andererseits ist gutes Personalmarketing imagebildend für das Unternehmen.
- *Unklares Employer-Branding:* Die Konkurrenz um die qualifiziertesten Leute am Markt wächst. Um sie muss in Zukunft richtig geworben werden. Gestützt auf ein Employer-Branding werden Unternehmen versuchen, zum Employer of choice zu werden.
  Die Kosten von Fehlbesetzungen werden unterschätzt, vor allem, wenn auch die Auswirkungen auf das Umfeld, Kunden und Image berücksichtigt werden. Jede Einstellung ist eine große Investition. Wiederbeschaffungskosten und Schulung machen noch den kleinsten Teil aus. Weit höhere Kosten verursacht die Einarbeitung, besonders wenn spezifisches Know-how erworben werden muss. Wenn die Falschen ausgewählt wurden, ist es schwierig, nachträglich fehlende Fähigkeiten entwickeln zu wollen, vor allem, wenn diese den persönlichen oder sozialen Bereich betreffen. Die richtige Auswahl ist wichtiger als nachträgliche Personalentwicklung. Auswahlentscheide sind besonders risikobehaftet, weil sie die Zukunft des Unternehmens langfristig prägen und schwer korrigierbar sind. Kompromisse in der Auswahl rächen sich.
- *Unprofessionelle Rekrutierungsprozesse:* Durch eine konsequente Anstellungspraxis über Jahre kann das Gesicht eines Unternehmens verändert werden. Bei der Anstellung kann sehr wirksam Risikomanagement betrieben werden. Die Qualität der Mitarbeitenden ist ein strategischer Erfolgsfaktor und die Auswahl von Mitarbeitenden eine der wichtigsten Managementaufgaben. Bei Microsoft gilt der Grundsatz, „die Besten der Welt" einzustellen.
- Gemäß MALIK sind ein Drittel der Neubesetzungen nach einem Jahr gescheitert (Kündigung, Versetzung, schlechte Beurteilung usw.). Mangels entsprechender Qualifikation der Interviewer ist die Aussagekraft von Einstellungsinterviews oft schlecht.
- *Keine konsequente Einhaltung des Selektionsprozesses*: In der Auswahl wird tendenziell zu viel aus der Hand gegeben (Einsatz externer Berater, Tests, Assessments usw.). Das Vertrauen der Vorgesetzten und des HRM in die eigene Urteilskraft bei der Einstellung von Mitarbeitenden schwindet. Dadurch, dass sie sich zunehmend auf Externe und Hilfsmittel verlassen, stehen sie sich aus der Verantwortung, und es entstehen unerwünschte Abhängigkeiten.
- *Unsorgfältiger Einführungsprozess:* Mehr als die Hälfte der Mitarbeitenden hat das Gefühl, nicht richtig eingeführt worden zu sein.

6.2   Messen und überwachen

Eine konsequente Fortschrittskontrolle sichert die Umsetzung. Ohne Messgrößen, die verfolgt werden, nützt auch eine ausgefeilte Systematik wenig.

Als Messgrößen kommen Kennzahlen (K), Beurteilung von Standards (S) oder Indikatoren aus Befragungen (I) in Frage.

Zusammenfassung Risikoereignisse und Messgrößen zum Engpassrisiko	
Risikoereignisse	Messgrößen
Früherkennung fehlendes HR-Research (relevanter Arbeitsmarkt, Demografie, interne Veränderungen, Bedürfnisse MA)	Vorhandensein fundierter HR-Research-Ergebnisse (S)
Bedarfslücken: keine fundierte quantitative und qualitative Personalressourcenplanung keine Klarheit über Zielgruppen und Engpässe ungünstige Zusammensetzung des Personalstammes Über- und Unterbestände fehlende MA in kritischen Zielgruppen	Daten zur Belegschaftsstruktur (K) Vorhandensein einer quantitative und qualitative Personalplanung (S) Vorhandensein eines fundierten MA-Portfolios (S) Kenntnis Engpässe relevante Zielgruppen (S)
Potenziallücken: schwierige Besetzung von Schlüsselpositionen ungenügende Nutzung und Entwicklung Schlüsselpersonen/Potenziale fehlende Stellvertreter und potenzielle Nachfolger für wichtige Funktionen fehlende Entwicklung von Potenzialen unprofessionelle Potenzialprozesse	Anteil interne Besetzungen Führungspositionen (K) Potenzialträgerquote (K) Anteil Potenzialkandidaten/erwartete Vakanzen, Potenzialgaps (K) fundiere Kenntnis Schlüsselpersonen (S) Vorhandensein Nachfolgeplanung (S) Anteil Nachfolgen, die Planung entsprechen (S) Besprechung Nachfolgeplanung in Geschäftsleitung (S) Anteil Potenziale mit Entwicklungsplan (S)
Rekrutierungsrisiken fehlende/unklare Personalmarketing-konzepte mangelnde Arbeitgeberattraktivität keine wettbewerbsfähigen individualisierten Anstellungsbedingungen unklares Employer Branding unprofessioneller Rekrutierungsprozess/Fehlbesetzungen unsorgfältiger Einführungsprozess	Vorhandensein einer klaren Personalmarketingstrategie (S) durchschnittliche Dauer Einstellprozess (K) Anzahl Spontanbewerbungen (K) Imagebarometer (I) Anteil der Mitarbeitenden, die im ersten Jahr wieder austreten (K) Einhaltung Rekrutierungsstandards (S) Anteil Mitarbeitende mit Einführungsplan (S) Zufriedenheit neu Eingestellte nach 6 Monaten (I)

Beispiele von Konkretisierungen von Standards und weitere Beispiele von Messgrößen sind:

- Mindestens 75 % der Führungskräfte werden intern rekrutiert.
- Der Anteil der Potenzialkandidaten soll mindestens doppelt so hoch sein wie die Zahl der in den nächsten Jahren zu erwartenden Vakanzen.
- Bei Beförderungen ins obere Management werden Erfahrungen aus mehreren Projekten, Aufgabenfeldern und Bereichen sowie Auslanderfahrung vorausgesetzt.
- Ein Drittel des Bonus wird von der Führungsqualität und speziell vom Engagement zur Förderung von Potenzialen abhängig gemacht.
- Jeder Bereich bezeichnet eine Rotationsstelle (z. B. Assistentenstellen, die nicht länger als drei Jahre besetzt bleiben).

6.3   Steuern

Potenziale können intern erfasst und entwickelt oder am Markt eingekauft werden.

6.3.1   Integriertes Potenzialmanagement

Ein integriertes Potenzialmanagement umfasst alle Maßnahmen, die dem Identifizieren, Gewinnen und Entwickeln von Mitarbeitenden und Führungskräften dienen. Es führt die Bedürfnisse von Mitarbeitenden und Unternehmen zusammen und enthält die in Abb. 6.2 erwähnten Teilaspekte.

Potenzialmanagement ist Maßarbeit. Jedes Unternehmen muss ein auf die eigenen Bedürfnisse ausgerichtetes Potenzialmanagement entwickeln, das Strategie und Unternehmenskultur berücksichtigt.

Die Investition lohnt sich aus verschiedenen Gründen:

- Vorausschauende Planung und Vorbereitung minimiert Überraschungen (Kontinuitätssicherung, optimale Besetzung von Schlüsselpositionen, Vermeidung von Feuerwehrübungen).
- Zukünftige Leistungsträger werden frühzeitig erkannt und gefördert (unerwünschte Fluktuation minimiert, Ablösungen rechtzeitig vorbereitet, Qualität zukünftiger Leistungsträger gesichert). Eine einfache Rechnung ergibt, dass schon eine einzige verhinderte Fehlbesetzung einen recht großen Aufwand rechtfertigt.
- Die internen Leistungspotenziale voll auszuschöpfen ist auch aus ökonomischer Sicht wesentlich günstiger, als wenn am Arbeitsmarkt gesucht werden muss.
- Potenzialerfassung im Sinne einer Standortbestimmung und -entwicklung wird von den Mitarbeitenden zunehmend erwartet.

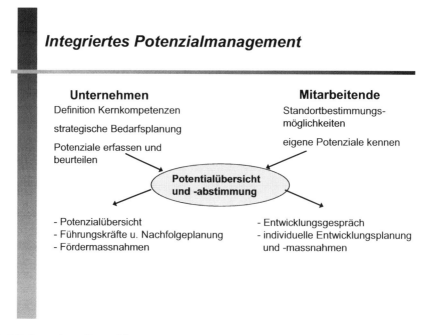

Abb. 6.2 Integriertes Potenzialmanagement

- Austritte wegen fehlender Entwicklungsperspektiven werden verhindert. Entwicklungsperspektiven sind der Haupttrumpf im Kampf um die Besten und fördern die Identifikation mit dem Unternehmen. Gerade die qualifiziertesten Mitarbeitenden wollen Entwicklungsmöglichkeiten und Perspektiven sehen.
- Das Image als attraktiver Arbeitgeber wird unterstützt.

Potenzialerfassung und -entwicklung lässt sich von folgenden *Grundsätzen* leiten:

- *Gesamtarchitektur:* Eine ganzheitliche Systematik und Sichtweise ist hilfreich. Entscheidend ist aber nicht das System des Potenzialmanagements, sondern die Konsequenz, mit der es gehandhabt wird. Ohne klaren Bezug bei Neubesetzungen und Beförderungen wirkt das Potenzialmanagement nicht glaubwürdig. Es braucht den aktiven Einbezug der obersten Geschäftsleitung. Sie muss sich regelmäßig mit ihren Schlüsselpersonen beschäftigen und sich Zeit nehmen, die Potenziale mindestens jährlich zu diskutieren. Der persönliche Einsatz der Geschäftsleitung für den Nachwuchs ist entscheidend. Wichtiger als das Instrumentarium ist letztlich die Denkhaltung, die dahintersteht. Potenzialmanagement ist kein einmaliger Kraftakt, sondern eine Investition in die Zukunft.
- *Bereichsübergreifende Sicht*: Gute Leute müssen zentral bekannt sein und gefördert werden. Eine gesamtunternehmerische Sicht geht egoistischem Abteilungsdenken vor. Ge-

rade im Hinblick auf Job rotations sind eine einheitliche Philosophie und eine bereichs-übergreifende Perspektive unerlässlich.

- *Einfache Instrumente*: Berater bieten Instrumente, Systeme und durch Informations-technologie unterstützte umfassende Potenzialmanagement-Lösungen auf dem Markt aggressiv an. Leider überfordern aufwändige Systeme und Datenbanken regelmäßig die Linie, die sich einfache und integrierte Instrumente wünscht. Stark instrumentalisierte Konzepte sind aufwändig und versanden oft.
- *Systemtransparenz*: Die Systematik soll für alle Mitarbeitenden transparent sein. Mit den Potenzialträgern wird ein Entwicklungsgespräch geführt und eine Entwicklungsverein-barung getroffen.
- *Verbindlichkeit*: Entscheidend ist nicht das System des Potenzialmanagements, sondern die Konsequenz, mit der es gehandhabt wird. Kontinuität und seriöse Pflege zahlen sich erst mittelfristig aus.
- *Mehrfachbeurteilung*: Im Sinne einer möglichst ganzheitlichen Einschätzung, ist eine Mehrfachbeurteilung vorzusehen (Beurteilung durch mehrere Personen und mit ver-schiedenen Instrumenten; siehe Potenzialerfassung und -beurteilung).
- *Stufenweise Konkretisierung des Potenzials* (Filterprinzip): Wo Unklarheiten bestehen, soll das Potenzial stufenweise mit geeigneten Potenzialeinschätzungsinstrumenten kon-kretisiert werden.
- *Förderung*: Potenzialträger sollen unabhängig davon entwickelt werden, ob gerade eine passende Stelle in Aussicht steht. Gefördert wird nicht auf eine bestimmte Funktion hin. Dementsprechend wird mit der Entwicklungsvereinbarung eine Entwicklung, aber keine Stelle garantiert.
- *Sensibilisierung/Befähigung der Vorgesetzten:* Die Potenzialeinschätzung unterscheidet sich als langfristige, zukunftsbezogene Prognose über die Befähigung für andere Funk-tionen bzw. eine höhere Funktion in vielfältiger Weise von der Mitarbeiterbeurteilung und ist besonders anspruchsvoll. Die Beurteilenden sind entsprechend sorgfältig auf ihre Aufgaben vorzubereiten.

Definition Kernkompetenzen
Ohne eine vertiefte Diskussion darüber, welche Fähigkeiten und Qualifikationen aufgrund der zentralen strategischen Herausforderungen in Zukunft wichtig sind, fehlt eine ent-scheidende Grundlage. Mit Kernkompetenzen ist ein Bündel von Fähigkeiten gemeint, die zusammengenommen einen wesentlichen Beitrag zum langfristigen Erfolg des Unter-nehmens leisten und als Grundlage für das Potenzialmanagement, aber auch für Perso-nalauswahl, Personalentwicklung usw. dienen. Die definierten unternehmensspezifischen Anforderungen stellen die Messlatte für die Potenzialbeurteilung dar.

Ganzheitliche Handlungskompetenz umfasst sowohl persönlichkeitsbezogene als auch soziale und führungsmäßige, unternehmerische und fachliche Kompetenzen. Die folgende Abbildung zeigt ein Beispiel (siehe Abb. 6.3).

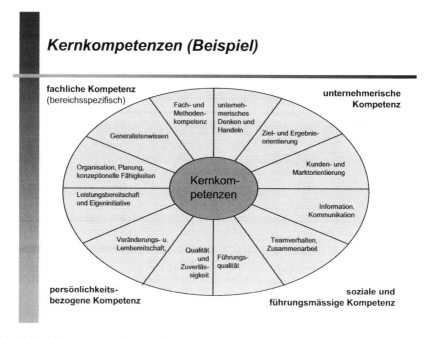

Abb. 6.3 Kernkompetenzen (Beispiel)

Die Kernkompetenzen werden aus der Unternehmensstrategie abgeleitet. Deshalb gibt es keine allgemeingültigen Kernkompetenzen. Jedes Unternehmen muss seine unternehmensspezifischen Kompetenzen selbst bestimmen.

Strategische Personalplanung

Eine Vertriebsstrategie verlangt Kenntnis und Segmentierung der Kunden. Ebenso setzt ein effektives Personalrisikomanagement eine detaillierte und differenzierende Betrachtung der Mitarbeitenden- und Potenzialstruktur voraus.

Heute genügt eine konventionelle Personalplanung, die den zukünftigen Bedarf nur quantitativ den vorhandenen Ressourcen gegenüberstellt, nicht mehr. Eine strategische Personalplanung stellt die qualitative und quantitative Planung mindestens des mittelfristigen Personalbedarfs sicher und zeigt allfällige Engpässe und Qualifizierungsbedürfnisse auf, damit aktiv gehandelt, statt nur reagiert werden kann. Nur wenn auch die qualitativen Aspekte einbezogen werden, besteht eine genügende Grundlage für Rekrutierung, Personalentwicklung, Anpassungen der Mitarbeiterstruktur an zukünftige Anforderungen, Personalkosten und Risikobetrachtungen.

Nur wenige Unternehmen können die Personalentwicklung für einzelne Funktionen und mit verschiedenen Szenarien darstellen. Das Bedarfsrisiko sollte auf Jobfamilienebene simuliert werden können.

Eine fundierte Personalplanung kann sichtbar machen, wo mehr oder anderer Bedarf besteht. Es lassen sich damit wichtige strategische Informationen gewinnen und personalpolitische Probleme erkennen. Eine strategische Personalplanung stellt mit einem langfristigen Horizont das Humanpotenzial für strategisch wichtige Segmente dar. Es zeigt quantitative und qualitative Stärken und Schwächen der Mitarbeiterstruktur auf und gibt wichtige Hinweise zu zentralen Fragen:

- Welches sind die zukünftigen Schlüsselfunktionen?
- Wie verändert sich der quantitative Bedarf aufgrund der strategischen Herausforderungen?
- Welches sind die zukünftigen qualitativen Kompetenzen?
- Welche Mutationen sind langfristig zu erkennen (Versetzungen, Austritte, Pensionierungen)?
- Sind Führung und Weiterentwicklung des Unternehmens personell gesichert?

Die Bedarfslücken können aus der Sicht des Gesamtunternehmens oder einzelner Geschäftseinheiten betrachtet werden.

In einer ersten Annäherung lohnt es sich, sich auf die wirklich kritischen Positionen, d. h. auf die Zielgruppen, die für die Umsetzung der Unternehmensstrategie entscheidend sind, zu beschränken. Schlüsselfunktionen sind Funktionen/Fähigkeiten, die den Unternehmenserfolg stark beeinflussen und gleichzeitig komplexe Anforderungen zum Erwerb der notwendigen Fähigkeiten stellen und somit nur schwer verfügbar sind. Diese Zielgruppen müssen nicht mit den bestehenden Berufsbildern übereinstimmen, sondern können auch einem übergreifenden Bedarf entsprechen (z. B. Projektmanager, Berater/Verkäufer, Prozessmanager, Führungsnachwuchs, Relationshipmanager usw.).

Die erste Frage lautet somit: Welches sind die drei bis fünf Schlüsselfunktionen, die für den Erfolg der Organisationseinheit entscheidend sind und nur langfristig verfügbar gemacht werden können? Für diese Schlüsselfunktionen ist der quantitative und qualitative längerfristige Bedarf zu ermitteln und in einem weiteren Schritt dem Mitarbeiterpotenzial gegenüberzustellen.

Mit einem Portfolio zur strategischen Belegschaftsentwicklung wird eine einfach handhabbare, visualisierte Diskussionsgrundlage als Basis für Steuerungsmaßnahmen geschaffen (siehe Abb. 6.4). Dabei sind allerdings auch die Grenzen einer stark vereinfachten Darstellung in einem Portfolio zu beachten. Zwei Dimensionen genügen oft nicht für eine ganzheitliche Beurteilung. Es besteht die Gefahr, dass durch die Verdichtung „schwache Signale" verlorengehen.

Individuelle Potenzialerfassung und -beurteilung
Wenn das Portfolio zeigt, dass für wichtige Segmente Potenziale fehlen, stellt sich die Frage, wie vorausschauend entgegengesteuert werden kann. Für solche kritischen Funktionen lohnt sich eine Vertiefung auf der individuellen Ebene.

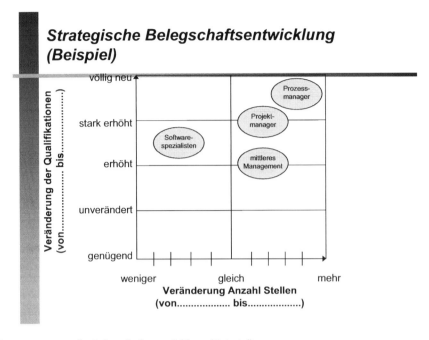

Abb. 6.4 Strategische Belegschaftsentwicklung (Beispiel)

In einer individuellen Potenzialbeurteilung wird primär die längerfristige und zukunftsbezogene Entwicklungsfähigkeit der einzelnen Mitarbeitenden beurteilt. Sie enthält Aussagen über die Befähigung für zukünftige Funktionen und geht damit weit über eine Leistungsbeurteilung, die sich auf die Ziele, Aufgabenstellungen und Leistungen in der ge-
genwärtigen Funktion bezieht, hinaus. Die Potenzialbeurteilung ist deshalb besonders anspruchsvoll. Die Beurteiler sind entsprechend sorgfältig auf ihre Aufgabe vorzubereiten.

Die Kombination von Vorgesetzten- und Selbstbeurteilung kann die Qualität der Kom-
petenzmessung steigern. Ein einheitlicher Potenzialerfassungsbogen kann der Selbstbeurteilung, der Fremdbeurteilung sowie der Beurteilung mit weiteren Hilfsmitteln dienen. Die
Beurteilung erfolgt durch alle Beurteiler mit demselben Formular, so dass die Ergebnisse
„aufeinandergelegt" werden können und Abweichungen sofort ersichtlich sind. Interessant
sind der Vergleich und die Diskussion der verschiedenen Beurteilungen. Für eine Grobpo-
tenzialbeurteilung genügt ein einfaches Beurteilungsformular (siehe Abb. 6.5).

Eine Möglichkeit ist es auch, die Mitarbeitenden aufgrund der Gesamtbeurteilung des
Potenzials in die Felder eines Potenzialportfolios einzutragen und so das Gesamtpotenzial
zu konkretisieren (siehe Abb. 6.6).

Zusätzlich zur Vorgesetztenbeurteilung werden heute Hilfsmittel wie *Tests* und *Assessments* breit eingesetzt. Teilweise haben sie sogar eine zu große Bedeutung erlangt, besonders wenn sie nicht auf die unternehmensbezogenen Kompetenzen abgestimmt sind. For-
schungsergebnisse zeigen, dass die mit solchen Hilfsmitteln erzielten Ergebnisse kritisch

Wie sind die Kernkompetenzen ausgeprägt?
Welches Entwicklungspotenzial besteht zu den folgenden Anforderungen?

		Potenzial		
		C	B	A
persönlichkeits-bezogene	- Leistungsbereitschaft und Eigeninitiative			
	- Veränderungs- und Lernbereitschaft			
	- Qualität, Zuverlässigkeit			
soziale- und führungsmässige	- Führungsqualität			
	- Teamverhalten, Zusammenarbeit			
	- Information und Kommunikation			
unternehmerische	- Kunden- und Marktorientierung			
	- Ziel- und Ergebnisorientierung			
	- unternehmerisches Denken und Handeln			
fachliche	- Fach- und Methodenkompetenz			
	- Generalistenwissen			
	- Organisation, Planung, konzeptionelle Fähigkeiten			

C: Mitarbeitender im Optimaleinsatz, aber ohne Potenzial, um Aufgaben auf höherer Ebene wahrzunehmen

B: ausbaubares Potenzial, um mittelfristig weitere Führungs- oder Fachaufgaben zu übernehmen

A: klares Potenzial vorhanden, um Führungs- oder Fachaufgabe auf höherer Ebene wahrzunehmen

Gesamtbeurteilung des Potenzials

	A	B	C
Fachpotential	❏	❏	❏
Führungspotential	❏	❏	❏

Entwicklungsfähigkeiten für folgende *Zielfunktionen* vorhanden (Mehrfachnennungen möglich):

....

....

Folgerungen aus der Potenzialbeurteilung
(Gesprächsergebnisse, Akzeptanz, Mobilität, Hindernisse, Alternativen)

....

....

Was hat der Beurteilte zur Umsetzung beigetragen? Wie wurde er unterstützt?

....

....

....

Entwicklungsmassnahmen
(z.B. interne und externe Seminare, Wechsel in andere Funktion, Sonderaufgaben, Projekteinsatz, Stellvertretung, Auslandeinsatz, spezielles Förderprogramm, Coaching, andere Massnahmen)

Termin

....

....

....

Abb. 6.5   Formular Potenzialanalyse

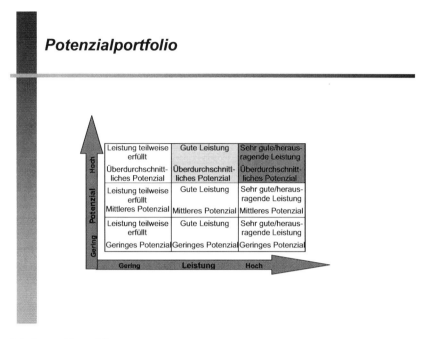

Abb. 6.6 Potenzialportfolio

hinterfragt werden müssen. Aufwand und Nutzen stimmen oft nicht überein. Außerdem besteht die Gefahr, dass sich aufgrund einer gehäuften Anwendung solcher Hilfsmittel die Entscheidungsträger nicht mehr verantwortlich fühlen. In vielen Unternehmen ist geradezu eine Abhängigkeit von Beurteilungsinstrumenten festzustellen. Negativ können sich auch die geweckten Erwartungen sowie die Situation „Gescheiterter" auswirken. Ein gut strukturiertes Interview ist oft aussagekräftiger als ein Assessment ab Stange. In jedem Fall müssen die Hilfsmittel Hilfsmittel bleiben. Sie dürfen nicht mehr als eine Blume in einem großen Strauß sein. Das Urteil der Linie sollte wieder verstärkt zum Tragen kommen.

Eine noch wenig angewandte, gute Möglichkeit zur Beurteilung interner Kandidaten sind *On-the-job-Assessments* in Projekten. Im Unterschied zu Einzel- oder Gruppen-Assessments wird die Beurteilung aufgrund eines konkreten Projektes vorgenommen. Damit kann eine Laborsituation vermieden werden, und das Unternehmen hat einen konkreten Nutzen. Projektleitungsaufgaben sind sehr anspruchsvoll und eröffnen umfassende Beobachtungsmöglichkeiten. Besonders gut können persönlichkeits- und führungsmäßige Kompetenzen beobachtet werden.

Soweit wie möglich sollen die Möglichkeiten einer Mehrfachbeurteilung genutzt werden. Jede Potenzialbeurteilung beinhaltet einen Teil Subjektivität. Eine Objektivierung wird durch klar definierte Kernkompetenzen und eine Beurteilung durch verschiedene Personen und Hilfsmittel angestrebt.

Potenzialpools

Laufbahn- und Karriereplanung, aber auch umfangreiche Skills Inventorys haben sich immer wieder als Illusion erwiesen. Das Umfeld wandelt sich zu rasch, als dass noch langfristige Laufbahnpläne möglich wären. Sinnvoll sind Pools von breit qualifizierten Potenzialen, die aktiv entwickelt und bei Vakanzen herangezogen werden. Der Poolgedanke bedeutet die Abkehr von der Vorstellung einer starren Laufbahnplanung und der Entwicklung auf eine bestimmte Position hin. Mit der Aufnahme in einen Pool wird aber die Absicht bestätigt, den Potenzialträger zu fördern, zu entwickeln und bei Vakanzen einzubeziehen. Ein Anspruch kann allerdings daraus nicht abgeleitet werden.

Führungskräfte- und Nachfolgeplanung

Mit einem Potenzialmanagementkonzept sollen die Voraussetzungen für eine systematische Förderung und Entwicklung der Mitarbeitenden im Hinblick auf konkrete Nachfolgen geschaffen werden. Dabei werden die Interessen des Unternehmens und der Mitarbeitenden aufeinander abgestimmt. Eine fundierte Führungskräfte- und Nachfolgeplanung ermöglicht eine ganzheitliche Sicht in Nachfolgefragen und die vorausschauende Lösung konkreter Nachfolgefälle unter Berücksichtigung der internen Potenzialträger. Außerdem werden den Mitarbeitenden individuelle Entwicklungsmöglichkeiten aufgezeigt.

Potenzial und Bedarf sollten auf einer einfachen Diskussionsgrundlage sichtbar gemacht werden. Eine solche Übersicht kann beispielsweise als Organigramm gestaltet werden, aus dem auf einen Blick ersichtlich wird, in welchen Organisationseinheiten viel oder wenig Potenzial vorhanden ist. Besonders interessant ist es, das fachliche und führungsmäßige Potenzial sichtbar zu machen. Echter Nutzen entsteht erst durch eine gesamtunternehmerische Sicht, die weit über egoistisches Bereichsdenken hinausgeht. Gerade im Hinblick auf Job rotations und Nachfolgeplanung bringen erst eine einheitliche Philosophie und eine bereichsübergreifende Betrachtung einen echten Zusatznutzen (siehe Abb. 6.7).

Eine Gesamtübersicht, die periodisch (z. B. jährlich) zwischen Linie und HRM in einem Abstimmungsdialog besprochen wird, dient dazu, die individuellen Potenzialbeurteilungen mit dem quantitativen und qualitativen Personalbedarf des Unternehmens zu verknüpfen, so dass fundierte Nachfolgen geplant und Entwicklungen vorgesehen werden können.

Entscheidend ist, dass sich das Management für die vertiefte Diskussion einer solchen Planung Zeit nimmt und einen Quervergleich über die Bereiche hinweg sicherstellt. Gleichzeitig werden Potenzialeinschätzung und Personalplanung miteinander verknüpft. Ein großes schweizerisches Industrieunternehmen führt beispielsweise zwei Mal jährlich strukturierte Meetings zwischen Linien- und HR-Verantwortlichen durch, bei denen vertieft diskutiert wird, welche Mitarbeitenden mit welchen Qualifikationen es in Zukunft braucht. Daraus werden Maßnahmen für Gewinnung und Einsatz sowie Entwicklung und Training abgeleitet.

Führungskräfte- und Nachfolgeplanung

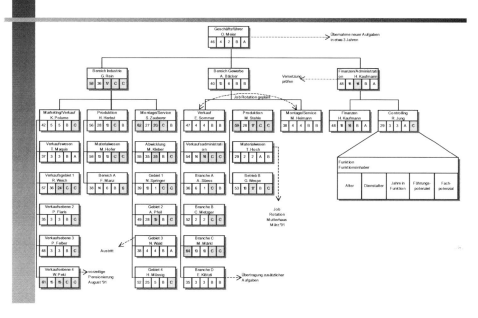

Abb. 6.7 Führungskräfte- und Nachfolgeplanung (Beispiel)

Eine solche Übersicht erlaubt es, folgende Fragen zu stellen und zu beantworten:

- Wie sieht die Alters- und Dienstaltersstruktur aus?
- Welche Versetzungen, Abgänge usw. sind erkennbar?
- Wo besteht die Gefahr, dass wichtige Potenziale abwandern?
- Wer ist schon zu lange in derselben Funktion?
- Wer sollte neue Herausforderungen erhalten?
- Wird der Aufstieg jüngerer Kräfte gefördert oder gehemmt?
- Wie gut entsprechen die Mitarbeitenden den heutigen und zukünftigen Anforderungen ihrer Stelle?
- Wie viel Potenzial ist vorhanden? Handelt es sich vor allem um fachliches oder führungsmäßiges Potenzial?
- Wo bestehen Defizite?
- Wo ist ein vertiefter Abklärungsbedarf vorhanden?
- Welche Lücken bestehen und wie sind sie zu schließen?
- Wo ist brachliegendes Potenzial vorhanden? Wie könnte es aktiviert werden?
- Welche Mitarbeitenden sind speziell zu fördern?

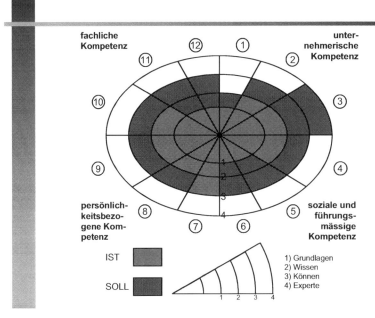

Abb. 6.8 Individuelle Entwicklungsschwerpunkte

Fördermaßnahmen

Potenzialerfassung ohne Entwicklung bleibt Stückwerk. An die Auswahl der Potenziale müssen sich zwingend Entwicklungsmaßnahmen anschließen. Den Potenzialen sind die Erfahrungen zu vermitteln, die sie brauchen, um die zukünftigen Herausforderungen zu meistern. Es gilt, sie zu fordern, ohne sie zu überfordern.

Aus der Führungskräfte- und Nachfolgeplanung können einerseits allgemeine Folgerungen für die Personalentwicklung gezogen werden. Andererseits sind individuelle Maßnahmen festzulegen. In einem Kreisdiagramm (siehe Abb. 6.8) können, auf einzelne Personen bezogen Ist und Soll aufgenommen und die Entwicklungsschwerpunkte festgelegt werden.

In einem persönlichen Entwicklungsplan werden je nach Kompetenzen, die zu entwickeln sind, möglichst klare Ziele gesetzt und Entwicklungsmaßnamen definiert. Unter *Förderung* werden nicht nur Schulungsmaßnahmen, sondern die ganze Palette von Entwicklungsmöglichkeiten, wie sie in Kap. 8 näher beschrieben werden, verstanden.

Potenzial aus Sicht der Mitarbeitenden

Für die Mitarbeitenden resultieren aus dem Potenzialmanagement Standortbestimmungsmöglichkeiten, Entwicklungsperspektiven und individuelle Entwicklungsmaßnahmen.

Im Zentrum des Entwicklungsgesprächs steht der Dialog über Entwicklungsmöglichkeiten und Fördermaßnahmen. Das *Entwicklungsgespräch* ist ein kooperativer Dialog, in dem Vorgesetzte und Mitarbeitende gemeinsam auf Stärken und Schwächen eingehen und Entwicklungsschritte vereinbaren.

Spezifische Nachwuchsförderungsprogramme können durch individuelle Entwicklungsmaßnahmen ergänzt werden. Dabei geht es nicht primär um die fachliche Weiterbildung, sondern um die Entwicklung der Persönlichkeit. Die besten Entwicklungsmaßnahmen im Rahmen der bisherigen Funktion sind Herausforderungen, Projektarbeit, Lernen durch Lehren und Moderatorenaufgaben. Außerdem sollte Potenzialentwicklung mittelfristig auch die Übertragung einer neuen Funktion (Job rotation, Auslandentsendung usw.) beinhalten. Flankierend können Coaching, Mentoring sowie regelmäßige Feedbacks dazukommen.

6.3.2 Rekrutierung

Marketingdenken

Das HR-Marketing ist eine Denkhaltung, welche die aktuellen und die potenziellen Mitarbeitenden als Kunden begreift. Unternehmen werden sich in Zukunft um die Potenziale auf dem Markt bewerben müssen. Maßenmarketing funktioniert nicht mehr. Wie im Marketing sind auch im Personalmarketing die einzelnen Zielgruppen vermehrt unterschiedlich anzugehen. Es braucht eine möglichst individuelle Ansprache. Je nach Funktion und Alter sind unterschiedliche Kanäle sinnvoll. Dem eigentlichen Personalmarketing geht eine Analyse der Mitarbeiterbedürfnisse, d. h. eine Auseinandersetzung mit den Mitarbeitenden und eine unternehmensspezifische Definition der Kompetenzen, voraus.

Der Marketingmix ist den besonderen Voraussetzungen des Personalmarketings anzupassen. Dabei ist das interne Marketing besonders zu betonen und zwischen den Profilierungsmöglichkeiten, dem Employer Branding und dem Rekrutierungsprozess zu unterscheiden.

Analyse der Mitarbeiterbedürfnisse

Um die eigenen und die potenziellen Mitarbeitenden gezielt ansprechen zu können, müssen ihre Einstellungen, Bedürfnisse und Erwartungen bekannt sein. Dazu können interne (internes Image, Betriebsklima, Personalkennzahlen, -statistik usw.) sowie externe Daten (Arbeitsmarktforschung, externes Image, demographische Daten) dienen (siehe auch Abschn. 3.3). Solche Daten können im Gespräch (Mitarbeitergespräch, Bewerbergespräch, Austrittsgespräch, Gruppendiskussionen im Rahmen der Schulung) oder durch Mitarbeiterbefragungen (z. B. repräsentative Befragung von Mitarbeitenden, standardisierte Austrittsinterviews) gewonnen werden. Verglichen mit der Intensität, mit der Marktforschung betrieben wird, wird heute noch viel zu wenig nach den Bedürfnissen und Anregungen der Mitarbeitenden gefragt.

Profilierungsmöglichkeiten

Attraktive Leistungen helfen sowohl, die eigenen Mitarbeitenden zu erhalten, als auch neue zu gewinnen. Unter attraktiven Leistungen sind die materiellen wie die immateriellen Leistungen zu verstehen, also auch:

* Attraktive, herausfordernde Aufgaben (Pionieraufgaben, Job Enrichement, Job Enlargement)
* Freiraum, Selbständigkeit
* Mitarbeiterorientierte Unternehmenskultur: Der zukünftige Mitarbeitende will sich kulturell wohl fühlen und sich identifizieren können. Die Unternehmenskultur wird zum Auswahlkriterium und damit zu einem Wettbewerbsfaktor. Unternehmen werden sich zunehmend auf dem Arbeitsmarkt aktiv als Kulturen vermarkten müssen.
* Flexible Arbeitszeitmöglichkeiten (gleitende Arbeitszeit, Jobsharing, Wahlmöglichkeiten, Teilzeitarbeit, Telearbeit usw.)
* Entfaltungsmöglichkeiten (gute Aus- und Weiterbildung, Umschulung, Übernahme von Ausbildungskosten, Job rotation, Parallelhierarchie usw.)
* Partizipation, Dialog, Mitwirkungsmöglichkeiten
* Überschaubare Größe
* „Nützliche" Produkte, die es den Mitarbeitenden erlauben, eine positive Beziehung zum Ergebnis ihrer Tätigkeit und zu ihrem Unternehmen einzugehen sowie
* Beschäftigungssicherheit.

Besonders attraktive Punkte sind auch entsprechend zu kommunizieren und transparent zu machen. Zielgruppenspezifisch kann so vorgegangen werden, dass unter Beachtung der strategischen Schwerpunkte zuerst diejenigen Zielgruppen/Segmente definiert werden, bei denen die größten Rekrutierungsschwierigkeiten zu erwarten sind (z. B. Informatiker, Projektleiter, Anlageberater). Für jede dieser Zielgruppen werden klare Kompetenzprofile festgelegt und dann darauf abgestimmte attraktive Leistungen, Imagemaßnahmen und alternative Rekrutierungsmöglichkeiten gesucht.

Profilierung durch Employer Branding

Ziel eines Employer Brandings ist, zum Employer of choice zu werden. Beim Employer Branding geht es um die Entwicklung eines auf das Unternehmen zugeschnittenen Arbeitgeberimages, oder darum, in der Öffentlichkeit ein Gefühl für das zu schaffen, wofür das Unternehmen steht.

Unbestrittenerweise beeinflusst das Arbeitgeberimage die Mitarbeitereinstellung nachhaltig. Entscheidend ist die Wahrnehmung durch Außenstehende. Das Image wird durch die wahrgenommene Unternehmenskultur, das sichtbare Handeln (vor allem in Krisensituationen) sowie das Erscheinungsbild und die Kommunikation bestimmt.

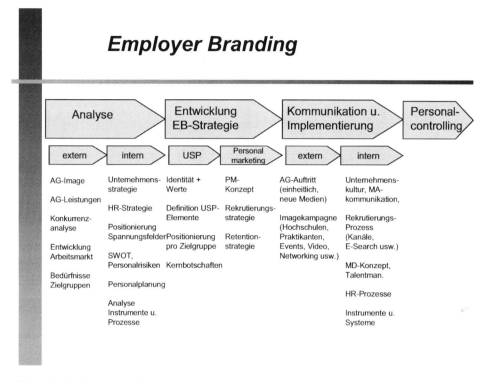

Abb. 6.9 Employer Branding

Image hat (im Guten wie im Schlechten) Langzeitwirkung: Unternehmen, die Mitarbeitende abbauen mussten, haben oft noch lange Mühe am Arbeitsmarkt. Vertrauensverlust ist teuer. Umgekehrt gibt es Beispiele von Unternehmen, die aufgrund ihres mitarbeiterorientierten Images auch in einem ausgetrockneten Arbeitsmarkt kaum Beschaffungsprobleme kennen.

Der Mitarbeitende der Zukunft sucht sich seine Firma nach Imagemerkmalen aus. In denjenigen Punkten, die potenziellen Interessenten wichtig sind, sollte das Unternehmen bekannt und als hochstehend positioniert sein, z. B. bei der Mitarbeiterorientierung und der Wachstumsorientierung.

Das Employer Branding hat eine interne und eine externe Dimension, nämlich kompetente, engagierte Mitarbeitende im Unternehmen zu halten und Potenziale anzuziehen. Zuerst müssen die internen Hausaufgaben gemacht werden.

Employer Branding umfasst die folgenden vier Stufen (siehe Abb. 6.9).

• *Analyse des Arbeitgeberimages:* Wie heben wir uns von andern ab? Für welche Unternehmenskultur und für welche Werte stehen wir? (siehe Arbeitsblatt zur Attraktivität als Arbeitgeber, das im Sinne eines Self Assessments genutzt werden kann (siehe Abb. 6.10).

IST ------ (im Vergleich mit wichtigsten Konkurrenten) SOLL ——	Beurteilung		
	gering	Durch-schnitt	hoch

Aussen:

– Branche

– Region

– Standort (öffentliche Verkehrsmittel, Einkaufsmöglichkeiten)

– Image

Innen:

– interessante Aufgaben

– Kompetenzen, Selbständigkeit

– Führungsstil

– Strukturen

– „nützliche" Produkte

– angenehme Arbeitsplätze, Arbeits-mittel

– Arbeitsklima

– Anstellung sbedingungen

– Entlöhnung und Sozialleistungen

– Anerkennung von Leistung

– Entwicklungsmöglichkeiten

– Aus- und Weiterbildung

– flexible Arbeitszeitgestaltung

– Arbeitsplatzsicherheit

– Unternehmenskultur

Abb. 6.10 Analyse des Arbeitgeberimages

- *Ausarbeitung eines attraktiven, einzigartigen Brands:* Welches sind die wichtigsten unverwechselbaren Vorteile, die das Unternehmen zu bieten hat? Die Botschaft soll attraktiv, einzigartig und einprägsam sein. Das Unternehmen kann sich z. B. als Pionierunternehmen, durch sinnvolle Produkte, eine besondere Unternehmenskultur, Entwicklungsmöglichkeiten oder Freiräume abheben.
- *Überzeugende Kommunikation:* Zu einer überzeugenden Kommunikation gehören Kontinuität sowie Klarheit und Eindeutigkeit der Botschaft des Unternehmens. Evonik hat beispielsweise das Thema Querdenken ins Zentrum seines Employer-Brandings gestellt und mit einer Querdenker-Kampagne („Querdenker und andere Talente") diesen Kern des Unternehmens darzutun gesucht. Die verschiedenen Zielgruppen werden unter diesem Titel individuell mit geeignetem Kommunikationsmaterial versorgt, zu Veranstaltungen eingeladen und regelmäßig aufgefordert, ihre Daten zu aktualisieren.
- Controlling der Umsetzung an Meilensteinen.

Rekrutierungsprozess

Man kann in der Rekrutierung nicht sorgfältig genug vorgehen. Ein erfolgreicher Firmengründer erkannte rückwirkend: „Nahezu jeder Fehler, den ich gemacht habe, kam daher, dass ich die falschen Mitarbeitenden ausgesucht habe". Daraus leitet sich die Forderung ab, viel mehr Zeit darauf zu verwenden, sich vor dem strategischen und kulturellen Hintergrund darüber klar zu werden, welche Mitarbeitenden das Unternehmen braucht, und sie besonders sorgfältig auszulesen.

Vor der eigentlichen Rekrutierung sind der Bedarf abzuklären sowie Funktionsbeschreibung und Kompetenzprofil festzulegen. Zur Bedarfsklärung können folgende Fragen dienen:

- Muss die Funktion in dieser Form wieder besetzt werden?
- Kann die Funktion interessanter gestaltet werden?
- Können monotone Arbeiten automatisiert werden?
- Ist eine neue Aufgabenverteilung sinnvoll?
- Welches sind die zukunftsbezogenen Anforderungen an die Stelle?

Der Einstellprozess wird zunehmend technisiert. Die Vision eines großen deutschen Industrieunternehmens lautet: Der Einstellprozess wird so weit perfektioniert und elektronisch abgewickelt, dass es vor dem 1. Arbeitstag keinen persönlichen Kontakt braucht. Ausschreibung, Bewerbung, Fragebogen, Tests, Assessments, Video des Unternehmens und Vertragsangebot erfolgen elektronisch. Damit mag der Einstellprozess schneller und kostengünstiger werden. Es bleiben aber viele Fragen offen. Wo bleibt die persönliche Beziehung als Basis des Einstellentscheides? Wie wird die Kultur des Unternehmens verständlich gemacht? Wie so oft geht es nicht um ein Entweder-oder, sondern um ein Sowohl-als-auch. Die Vorteile eines E-Recruiting sollten genutzt werden, allerdings ohne den wichtigen Human touch zu vernachlässigen.

Rekrutierungskanäle

Bei den Rekrutierungswegen bringt ein funktionsbezogener Mix am meisten. Dabei hat sich die Palette der Rekrutierungsmöglichkeiten in den letzten Jahren entscheidend verbreitert. Internet, Social Media und Jobbörsen haben stark an Bedeutung gewonnen. Heute beruhen mehr Einstellungen auf elektronischen Medien als auf Printmedien. Auch die Bewerbungen werden immer häufiger elektronisch eingereicht. Schnelligkeit, geringere Kosten und zielgruppenspezifische Ansprache, sind die Hauptvorteile.

Trotzdem funktioniert aber der Arbeitsmarkt auch heute noch stark über Mund zu Mund-Propaganda. Gemäß dem Institut für Arbeitsmarkt und Berufsforschung (IAB Kurzbericht 26/2011) wurden ein Viertel der Stellen über die Nutzung persönlicher Kontakte besetzt. Mitarbeitende werden durch Mitarbeitende geworben. Weitere Möglichkeiten sind die Ansprache ehemaliger Mitarbeitender, Traineeprogramme, Stages, Diplomarbeiten.

Der Kampf um Talente beginnt immer früher. So sucht beispielsweise Siemens (Schweiz) das Interesse junger Menschen an Naturwissenschaften und Technik durch eine kostenlose Forschungskiste für Kindergärten, genannt „Haus der kleinen Forscher" zu fördern.

Ein schneller Rekrutierungsprozess und besondere Sorgfalt bei der Auslese und Einführung neuer Mitarbeitender sind entscheidende Erfolgsfaktoren. Der Prozess der Stellenbesetzung muss beschleunigt werden. Cisco gibt 45 Tage vor. Weitere Standards im Rekrutierungsprozess können sein:

- Bestätigung innerhalb von 2 Tagen
- Vorselektion innerhalb von 5 Tagen
- Kontakt mit Bewerbern alle 10 Tage aufrechterhalten
- Absagen erklären.

Interviews

Interviews sind Bestandteil jedes Selektionsprozesses, haben aber als Lebenslaufabfrage nur geringen Prognosewert. Nur wenn sie gut strukturiert sind und durch geschulte Kräfte durchgeführt werden, vermögen sie verlässliche Hinweise zu geben. Im Zentrum des Gesprächs steht das Aufdecken der echten Motive. Interviews führen, heißt vorurteilslos wahrnehmen, sich nicht zu stark vom ersten Eindruck beeinflussen lassen, aktiv zuhören und beobachten.

Im Interview kann von den Kernanforderungen ausgegangen werden. Dazu sind Fragen nach der Situation, dem Vorgehen und dem Ergebnis zu stellen (siehe Abb. 6.11). Gezielt in die Tiefe gehen bringt meist mehr, als auf der ganzen Breite Fragen zu stellen. Der Gesprächsanteil des Kandidaten sollte deutlich überwiegen.

Die Bewerber sollen schon in der ersten Gesprächsphase mit der Unternehmenskultur und den Erwartungen des Unternehmens konfrontiert werden. Zu viele Unternehmenspräsentationen sind durch eine Überbetonung von Äußerlichkeiten (Größe, Entwicklung

Anforderungsbezogene Interviewfragen

Durchsprache von Schlüsselanforderungen nach folgendem Muster:

- Situation: In welcher Situation war das Verhalten von Bedeutung?
- Vorgehen: Wie sind Sie konkret vorgegangen?
- Ergebnis: Was waren die Auswirkungen? Was haben Sie daraus gelernt?

Abb. 6.11 Anforderungsbezogene Interviewfragen

usw.) bei gleichzeitiger Vernachlässigung der entscheidenden weichen Faktoren (Umgang miteinander, Führungsstil, Unternehmenskultur) gekennzeichnet.

Es sollten mehrere Gespräche durch verschiedene Personen an unterschiedlichen Tagen geführt und die Ergebnisse dann ausgewertet werden.

Auswahl/Entscheid

Bei der Auswahl sollte so sorgfältig vorgegangen werden, wie das bei Sachinvestitionen schon lange üblich ist. Der Qualität sollte auch dann der Vorrang gegeben werden, wenn dies eine termingerechte Stellenbesetzung erschwert. In der Auslese werden zu viele Kompromisse gemacht. Die Auswahl der Mitarbeitenden erfolgt oft unprofessionell.

Kolb klassiert die Auswahlverfahren nach Qualität und Aufwand. Bei einer solchen Betrachtung stehen strukturierte Interviews, Leistungstests und Arbeitsproben im Vordergrund.

Besonders sorgfältig ist zu klären, ob der Bewerber in die Kultur und in das Team passt und ob er die Strategie mittragen kann. Der Erfolg einer Führungskraft hängt entscheidend davon ab.

Verschiedene Unternehmen achten darauf, Mitarbeitende mit Potenzial einzustellen, verzichten bewusst auf „Söldner" und stellen niemanden ein, ohne „ein Funkeln in den Augen".

Die fachliche Kompetenz hat zu großes Gewicht. Konzessionen sind im fachlichen eher möglich als im persönlichen Bereich. Fachkompetenz kann leichter nachträglich erworben werden. Nicht nur was der Kandidat bisher gelernt hat ist bedeutsam, sondern wie weit er fähig und willens ist, weiter zu lernen und selbständig zu denken. Einstellungen und Haltungen sind ausschlaggebend.

Mit der Stellenzusage ist der ganze Vorgang nicht abgeschlossen. Der Verbleib im Unternehmen entscheidet sich meist schon in den ersten Tagen. Auf die *Einführung* (Einführungsplan, Befragung neu Eingestellter nach 6 Monaten usw.) sollte deshalb besonderer Wert gelegt werden. Ein ungenügend eingeführter Mitarbeitender braucht länger, macht mehr Fehler und ist weniger motiviert. Der erste Eindruck entscheidet. Der Eintritt neuer Führungskräfte wird nur zum Erfolg, wenn ihnen Zugang zum Beziehungsnetz verschafft wird und sie schnell mit der Kultur vertraut werden. Während der Einführungszeit braucht es das Gespräch, um Probleme frühzeitig zu erkennen.

Es genügt nicht, talentierte Nachwuchsleute zu gewinnen; sie müssen auch richtig betreut und gefördert werden. Oft fehlen klare Zielvorgaben und echte Aufgaben, aber auch eine Erfolgskontrolle.

Beispiel Schweizerische Raiffeisenbankengruppe

Die schweizerische Raiffeisenbankengruppe hat als „heimliche Großbank" in der Schweiz kontinuierlich an Profil gewonnen. Angesichts der dezentralen Struktur ist für sie die Funktion der Bankleiter (vorher noch „Verwalter" genannt) für die einzelnen Banken von zentraler Bedeutung. Eine Projektgruppe befasste sich deshalb mit der Thematik und führte eine ganze Reihe von Kommunikationsmärkten durch, an denen die „Verwalterthematik" mit den Vorständen der regionalen Verbände maßnahmenbezogen diskutiert wurden. Ein paar Lösungsansätze werden im Folgenden stichwortartig wiedergegeben:

- *Image:* Da das Ansehen der „Verwalter" im Vergleich zu den Leitern anderer Banken eher gering war, wurden die Reize der Bankleiterfunktion herausgearbeitet (Selbständigkeit, vielseitige, interessante Aufgaben, Unternehmer sein, direkt beeinflussbarer betrieblicher Erfolg, etwas bewirken können). Um die Attraktivität zu steuern, wurde die Bezeichnung „Verwalter" zugunsten von „Bankleiter" geändert und Imageinserate geschaltet, die die Vorzüge der Funktion hervorhoben.
- *Auslese:* Die strategische Bedeutung der Wahl der Bankleiter erfordert ein professionelles Vorgehen. Ein Bankleiterwechsel kostet viel, und Fehlbesetzungen können eine erhebliche Belastung darstellen. Für die verschiedenen Typen von Raiffeisenbanken wurden klare Kompetenzprofile formuliert und für die Auswahl ein Vieraugenprinzip von dezentralen und zentralen Stellen institutionalisiert. Der ganze Rekrutierungsprozess wurde gestrafft und professionalisiert (einheitliche Selektionsinstrumente, Interviewleitfaden, Einführungspläne, Standards usw.).
- *Nachwuchsförderung:* Ziel ist, dass mindestens zwei Drittel der neu zu besetzenden Bankleiterstellen durch eigenen Nachwuchs abgedeckt werden können. Dazu wurde ein Nachwuchsförderungskonzept lanciert.

- *Weiterbildung/Coaching*: Das bestehende gute Weiterbildungsangebot wird zu wenig genutzt (Zeitmangel, Nichterkennen der Bedürfnisse usw.). Der Aus- und Weiterbildung wurde professionalisiert und für neu eintretende Bankleiter obligatorisch erklärt sowie mit Coachingangeboten unterstützt.

Austrittsrisiko (Gefährdete Leistungsträger) 7

7.1 Identifizieren

7.1.1 Vielfältige Austrittsrisiken

Unter Austritten von Leistungsträgern werden echte Kündigungen, nicht aber Ausfälle durch Krankheit/Unfall usw. verstanden. Das Austrittsrisiko ist vielschichtiger, als auf den ersten Blick wahrgenommen wird. Austritte von Mitarbeitenden stellen ein massiv unterschätztes Risiko dar.

- Besonders kritisch ist der unvorhergesehene *Ausfall von Schlüsselpersonen und Leistungsträgern*. Bei Nachwuchsleuten, in die viel investiert wurde (z. B. MBA), bedeutet dies einen schweren Verlust. Kleinere und mittlere Unternehmen können beim plötzlichem Ausfall von Schlüsselpersonen rasch in eine existenzbedrohende Situation geraten. Ein Forscher, der mitten in einem wichtigen Projekt davonläuft, ist für ein mittelständisches Pharmaunternehmen ein schwerwiegender Verlust.
- Aufgrund *geringerer Bindung* an das Unternehmen werden heute Wechsel in ein anderes Unternehmen oder in die Selbständigkeit schneller als früher vorgenommen. Die gegenseitige Loyalität zwischen Arbeitgeber und Arbeitnehmer ist im Schwinden begriffen. Gerade Unternehmen, die Glaubwürdigkeit durch ein wenig mitarbeiterorientiertes Verhalten (z. B. Entlassungen) verspielt haben, dürfen sich nicht wundern, wenn gute Mitarbeitende ihrerseits schneller die Konsequenzen ziehen und wechseln. Gewisse Branchen (Beispiel Investmentbanking) sind speziell durch Performanceorientierung und geringe Loyalität geprägt.
- Aggressivere *Search-Aktivitäten* akzentuieren das Austrittsrisiko. Von einem Headhunter angesprochen zu werden, schmeichelt dem Selbstwertgefühl.
- Der schwer zu beziffernde *Know-how-Verlust* kann für ein Unternehmen gravierende Folgen haben.

J.-M. Kobi, *Personalrisikomanagement*, DOI 10.1007/978-3-8349-4210-4_7,
© Springer Fachmedien Wiesbaden 2012

- Der Weggang von Mitarbeitenden kann auch *Teams destabilisieren und verbleibende Mitarbeitende verunsichern.*
- Oft wird eine Kündigung sozusagen als höhere Gewalt hingenommen. Man lässt gute Leute ziehen, statt aktiv und präventiv etwas dagegen zu unternehmen. Erst wenn das Know-how mühsam wieder aufgebaut werden muss, wird der Schaden, der dem Unternehmen erwachsen ist, deutlich. Amerikanische Untersuchungen haben einen klaren Zusammenhang zwischen geringer Fluktuation und Wachstum bzw. Return-on-Investment aufgezeigt. Für die Mitarbeiterbindung gilt wie für die Kundenbindung: Die Sicherung aktueller Kunden bzw. Mitarbeitender ist weit weniger aufwändig als die Investition in neue.
- Schon einzelne *Kündigungen* tun weh. Noch viel mehr gilt dies für den Austritt *ganzer Teams*, wie es bei Banken und im Informatik-Bereich immer häufiger vorkommt. Wenn z. B. in einer Bank ein ganzes Team von Vermögensberatern das Unternehmen verlässt, sind die Auswirkungen deutlich gravierender als bei Einzelkündigungen. Kann die Lücke nicht kurzfristig gefüllt werden, muss unter Umständen ein ganzer Geschäftszweig aufgegeben werden.
- Zu einer weiteren Eskalation kommt es, wenn die Mitarbeitenden *Kunden* und ihre Portefeuilles „mitnehmen".
- Eine Berechnung der *Fluktuationskosten* könnte vielen Managern die Augen öffnen. Meistens sind sie sich nicht bewusst, was die Fluktuation kostet. Sie haben nur die Personalsuchkosten im Blick. Weit bedeutsamer ist aber die verlorengegangene Produktivität in der Kündigungs- und Einarbeitungsphase. Tatsächlich erfolgt der erste Leistungsabfall bereits wenn der Kündigungsentscheid gefasst wird.
- Unterdessen ist es bereits möglich, sich gegen Ausfälle von Schlüsselpersonen zu versichern. Bezeichnenderweise wird die Versicherungssumme auf ein Vielfaches des Jahresgehaltes der Schlüsselpersonen angesetzt.

7.1.2   Warum gehen Mitarbeitende?

Die Kündigungsgründe sind stark von Qualifikation, Alter, Arbeitsmarktfähigkeit und Bedürfnissen abhängig. Fehlende Entwicklungsmöglichkeiten und Berufsaussichten sind vor allem jüngeren Mitarbeitenden wichtig. Die sogenannten extrinsischen, greifbaren Arbeitgeberbeiträge müssen im Rahmen einer gewissen Bandbreite erfüllt sein. Wenn das der Fall ist, beginnen aber die intrinsischen Voraussetzungen (immaterielle Anreize, Image des Arbeitgebers, Arbeitssicherheit, Arbeitsklima, Unternehmenskultur) eine entscheidende Rolle zu spielen.

Die Auswertung verschiedener Untersuchungen zeigt, dass der Vorgesetzte vielfach der Hauptgrund ist, warum gekündigt wird. Freiraum, Beteiligungsmöglichkeiten, Förderung und Anerkennung gibt oder verweigert gewöhnlich der Vorgesetzte.

7.2   Messen und überwachen

7.2.1   Fluktuationskosten

Viele Führungskräfte lassen sich nur durch Zahlen überzeugen. Ihnen müssen die Fluktuationskosten an konkreten Beispielen aufgezeigt werden. Dazu soll das folgende Formular
und Beispiel (siehe Abb. 7.1), das unternehmensspezifisch angepasst werden kann, dienen.
Beeinträchtigungen des Arbeitsklimas, Verlust an Know-how und der Weggang weiterer
Mitarbeitender sind darin allerdings noch gar nicht berücksichtigt.

Grunddaten/Annahmen in Tausend €	MA	VG
durchschnittliches Jahresentgelt Mitarbeitender	60	120
Kündigungsfrist	3 Mte.	6 Mte.
- Out of pocket-Auslagen	15	30
- Personalsuchkosten (Honorarkosten Personalbera- ter, Inserate usw.)		
- Rekrutierungsprozess (interne Kosten Rekrutie- rungsprozess, Assessments, Einführungsschulun- gen)		
- verlorengegangene Produktivität		
- Minderleistung während Kündigungszeit bzw. Ko- sten Freistellung (33%)	5	20
- zusätzliche Beanspruchung Vorgesetzter während Kündigungsfrist, allfälliger Vakanz und Einführung (10%)	3	6
- zusätzliche Beanspruchung anderer Mitarbeitender während Kündigungsfrist, allfälliger Vakanz und Einführung (10%)	1,5	3
- ev. höheres Gehalt neuer Mitarbeitender	4	8
- geringere Produktivität während Einführung		
- 1. Phase: 20% währen 2 Monaten	8	16
- 2. Phase: 50% während 2 Monaten	5	10
- 3. Phase: 80% während 2 Monaten	2	4
Total ca.	**43,5**	**97**

Abb. 7.1   Berechnung der Fluktuationskosten (Beispiel)

Die Fluktuationskosten für eine Einzelkündigung liegen also, ohne den Verlust an Know-how, Verschlechterung des Arbeitsklimas, Verunsicherung weiterer Mitarbeitender zu berücksichtigen, nahe bei einem Jahresentgelt. Als Daumenregel kann davon ausgegangen werden, dass die Fluktuationskosten rund ein Jahresgehalt des einzelnen Mitarbeitenden betragen. Unternehmensbezogen können anhand der vorhandenen Daten genaueren Werte ermittelt werden.

7.2.2   Kennzahlen

Ausgangspunkt einer Fluktuationsanalyse bilden möglichst genaue Daten und deren vertiefte Analyse. Die Fluktuationsrate kann beispielsweise nach verschiedenen Zielgruppen ausgewertet werden. Wesentlich aussagekräftiger als eine allgemeine Fluktuationsrate ist die Fluktuation von Schlüsselpersonen. Werden hohe Fluktuationswerte bei Schlüsselpersonen eruiert, ist das bedeutend gravierender als in strategisch unwichtigeren Segmenten. Vertiefte Analysen können auch zeigen, welches der kritische Austrittszeitpunkt ist (Alter, Dienstjahre usw.). Solche Daten können anschließend für die Ermittlung des Austrittsrisikos herangezogen werden. Bei Betrachtungen über die Zeit lassen sich die Ursachen schrittweise klarer erkennen.

7.2.3   Erkenntnisse aus Austrittsinterviews

Zusätzlich zur Analyse von Kennzahlen können Austrittsinterviews wertvolle qualitative Informationen liefern, wenn sie systematisch durchgeführt und ausgewertet werden. Entscheidend ist, zu den wirklichen Gründen vorzustoßen. Dabei darf man sich nicht mit oberflächlichen Begründungen zufriedengeben. Hilfreich ist es, erste Aussagen im Sinne von SENGE mit Warumfragen zu hinterfragen und zu vertiefen. Wenn die Warumfragen mehrfach gestellt werden, kommen schrittweise die echten Gründe zum Vorschein. Dazu ein Beispiel:

- Warum haben sie das Unternehmen verlassen?
  Weil ich zu wenig Entwicklungsmöglichkeiten hatte.
- Warum waren sie unzufrieden mit ihren Entwicklungsmöglichkeiten?
  Ich konnte meine betriebswirtschaftlichen Kenntnisse nicht anwenden und verbessern.
- Warum konnten sie ihre betriebswirtschaftlichen Kenntnisse nicht anwenden? Hätte es Möglichkeiten gegeben?
  Es hätte eine solche Funktion gegeben, aber ich habe sie nicht bekommen.
- Warum bekamen sie die Funktion nicht?
  Mein Chef wollte mich nicht ziehen lassen.
- Warum wollte er sie nicht ziehen lassen?
  Er fürchtete um das Ergebnis der Abteilung.

Abb. 7.2 Austrittsinterviews (Kartenspiel gemäß HILB)

Das Beispiel zeigt, dass oft der zuerst vorgeschobene Grund hinterfragt werden muss, um zu den tatsächlichen Ursachen vorzustoßen.

HILB hat ein *standardisiertes Austrittsinterview* mit Fragekarten entwickelt, die allen austretenden Mitarbeitenden vorgelegt werden. Damit wird eine einheitliche Interviewsituation und eine bessere Auswertbarkeit und Vergleichbarkeit erreicht. Die Befragung wird erst nach Aushändigung des Arbeitszeugnisses durchgeführt.

Der scheidende Mitarbeitende erhält 22 Karten mit den wesentlichen Arbeitszufriedenheitskriterien und teilt sie in drei Kategorien ein (siehe Abb. 7.2).

Der Interviewer notiert und bespricht die Karten mit dem Mitarbeitenden, zunächst die (-)-Karten, dann die anderen Karten (= und +), wobei immer nach möglichen Ursachen und Verbesserungsvorschlägen gefragt wird. Nach HILB wird durch die Zuordnung der Karten in drei Kategorien in nur einem Durchlauf ein relativ differenzierter Tatbestand erfasst. Dabei wirkt das Kartenspiel stimulierend und kurzweilig auf die ausscheidenden Mitarbeitenden.

7.2.4 Indikatoren aus Mitarbeiterbefragungen

In Mitarbeiterbefragung können gezielte Fragen eingebaut werden, die Hinweise auf Arbeitszufriedenheit und Resignation geben. Auf der Grundlage des Modells gemäß Abb. 7.4 können Ausmaß von Arbeitszufriedenheit und Resignation durch spezifische Fragen siehe Abb. 7.3 gemessen werden.

Am höchsten ist das Austrittsrisiko bei den fixiert Unzufriedenen.

7.2.5 Ermittlung des Ausfallrisikos einzelner Zielgruppen oder Personen

Eine einfache Formel für das Austrittsrisiko einzelner Zielgruppen oder Personen gibt es nicht. Am ehesten gibt eine Einschätzung anhand erfahrungsbasierter Kriterien Anhaltspunkte. Sie basiert auf Angaben zur Mitarbeiterstruktur, dem Umfeld und der Un-

Wie oft haben Sie in den letzten sechs Monaten so über Ihre Arbeit nachgedacht?

	nie	selten	manch-mal	oft	sehr oft
	5	4	3	2	1
Ich möchte, dass alles so bleibt, wie es ist.	❑	❑	❑	❑	❑
Meine Arbeitssituation entspricht zwar nicht gerade meinen Vorstellungen, sie könnte aber noch schlimmer sein.	❑	❑	❑	❑	❑
Am besten schluckt man den Ärger hinunter, wenn einen an der Arbeitssituation etwas stört.	❑	❑	❑	❑	❑
Wenn sich bei meiner Arbeit nicht bald etwas ändert, suche ich eine andere Stelle.	❑	❑	❑	❑	❑
Nach arbeitsfreien Tagen freue ich mich darauf, wieder an die Arbeit zu gehen.	❑	❑	❑	❑	❑
Wahrscheinlich gibt es in meiner Situation kaum Möglichkeiten, die Situation zu verbessern.	❑	❑	❑	❑	❑
Eine Kündigung brächte mir noch mehr Nachteile, deshalb bleibe ich trotz allem hier.	❑	❑	❑	❑	❑
Ich bin nicht zufrieden, glaube aber, dass ich durch eigene Anstrengungen und mit Hilfe anderer etwas verändern kann.	❑	❑	❑	❑	❑

Abb. 7.3 Fragebogen zu Arbeitszufriedenheit und Resignation (Beispiel)

ternehmensattraktivität, den immateriellen und materiellen Leistungen im Vergleich mit der relevanten Konkurrenz sowie der Arbeitsmarktattraktivität.

Die Beurteilung der einzelnen Kriterien vermag auch erste Hinweise zu geben, welche Schwerpunkte im Retentionmanagement gelegt werden sollen.

In den meisten Fällen genügt die Betrachtung besonders „gefährdete Zielgruppen". Nur ausnahmsweise wird anschließend eine auf einzelne Personen bezogene vertiefte Gefahrenevaluation anhand von Abb. 7.5 vorgenommen.

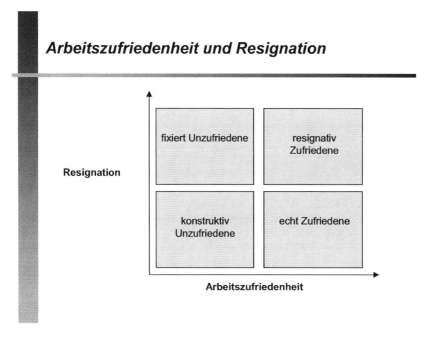

Abb. 7.4 Arbeitszufriedenheit und Resignation

Zusammenfassung Risikoereignisse und Messgrößen zum Austrittsrisiko	
Risikoereignisse	Messgrößen
Austritte Leistungsträger und Schlüssel-personen: keine fundierte Kenntnis der Gefähr-dung wichtiger MA-Gruppen fehlende fundierte Austrittsanalyse viele gefährdete/Austritte Leistungsträ-ger und Schlüsselpersonen	allgemeine Fluktuationsrate (K) Fluktuationsrate kritische Personengruppen (K) Fluktuationskosten (K) Analyse Austrittsgründe aus Austrittsinterviews (S) Arbeitszufriedenheit und Resignation (I)
Retentionmanagement: fehlendes Retentionmanagement	Vorhandensein Retentionmanagement für Schlüssel-personen und Potenziale (S)
Arbeitgeberleistungen: keine marktgerechten Anstellungsbedin-gungen ungenügende Leistungs- und Zielorien-tierung inadäquate Beurteilungs- und Entloh-nungsinstrumente falsch ausgestaltetes Entgeltsysteme	wettbewerbsfähige, individualisierte Anstellungsbe-dingungen (S) Entwicklung durchschnittliche Vergütungen (K) Zielvereinbarungsquote (S) differenziere Leistungsbeurteilung (S) Durchführungsrate Mitarbeitergespräche (S)
Weitere Austrittsrisiken: Wissensverlust durch Austrit-te/Pensionierungen	Dokumentation Wissen bei Austritten (S)

Nehmen Sie für die Schlüsselpersonen und besonders gefährdete Personen eine Risikoevaluation vor.

- persönliche Kriterien, Mitarbeiterstruktur[1]   Beurteilung
    - Alter
    - Dienstalter/Anzahl Jahre in Funktion
    - internes Beziehungsnetz
    - Leistungsniveau

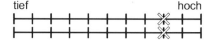

- Umfeld/interne Attraktivität
    - Führungsqualität (Führungsstil, Vertrauen, Anerkennung)
    - Betriebsklima
    - Teamgeist
    - Gestaltungsmögl., Freiraum, Entscheidungsbefugnisse
    - einengende Organisationsstrukturen
    - Kultur
    - Unsicherheitsgrad im Unternehmen (Umstrukturierungen, Fusionen, Krisen)
    - Image

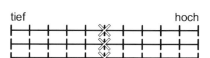

- immaterielle Leistungen
    - Entwicklungsmöglichkeiten
    - Weiterbildung

- materielle Leistungen im Marktvergleich [2]
    - Salär
    - Zusatzleistungen
    - Erfolgsbeteiligung

- Arbeitsmarktattraktivität[3]
    - externer Arbeitsmarkt
    - Arbeitsmarktfähigkeit
    - Abwerbungsbemühungen

Gesamtbeurteilung   tief   hoch

[1] Je höher Alter und Dienstalter sind, desto geringer ist das Austrittsrisiko. Bei einem mittleren Dienstalter (4-10 Jahre) ist das Austrittsrisiko am grössten. Schlechter beurteilte Mitarbeitende sind wechselwilliger, sofern sie nicht resigniert haben. Leute mit engem internen Beziehungsnetz wechseln weniger.

[2] Massstab ist der Marktvergleich für entsprechende Qualifikationen und Leistungen.

[3] Bei am Markt sehr gesuchten Mitarbeitenden mit einer hohen Arbeitsmarktfähigkeit ist das Risiko hoch. Intensive Abwerbungsbemühungen können das Risiko weiter akzentuieren.

Abb. 7.5 Beispiel zur Ermittlung des Ausfallrisikos für „gefährdete Zielgruppen" bzw. Schlüsselpersonen

7.3 Steuern

7.3.1 Retentionmanagement

Allein schon aufgrund von Fluktuationskosten und Know-how-Verlust sollten Schlüsselpersonen und Leistungsträgern unbedingt gute Gründe für einen Verbleib in der Unternehmung gegeben werden. Unternehmen müssen sich Gedanken machen, wie sie ihre besten Leute halten können.

Retentionmanagement ist internes Personalmarketing. Ein systematisches Retentionmanagement umfasst alle Aktivitäten und Maßnahmen, die darauf abzielen, strategisch wichtige Mitarbeitende an das Unternehmen zu binden und ihr Commitment zu erhalten.

Erfahrungsgemäß sind möglichst individualisierte und präventive Steuerungsmaßnahmen am wirksamsten. Die Kunst besteht darin, wahrzunehmen, was gefährdeten Schlüsselpersonen besonders viel bedeutet, bzw. herauszuspüren, wie den einzelnen Mitarbeitenden ihre Bedeutung für das Unternehmen gezeigt werden kann. Der Schlüssel dazu sind regelmäßige Gespräche. Der Vorgesetzte muss sich für die Mitarbeitenden interessieren und wahrnehmen, was ihnen wichtig ist, d. h. ihre individuellen Bedürfnisse kennen und die Retentionmaßnahmen darauf abstimmen.

In einem Pharmaunternehmen war der Veränderungswunsch eines leitenden Wissenschaftlers in der Forschung schon lange bekannt. Es bedurfte aber vieler Gespräche und eines hohen Einfühlungsvermögens des HRM-Leiters, um herauszufinden, was sich der hochqualifizierte Forscher wünschte. Er wäre gerne nebenamtlicher Dozent an einer Hochschule geworden, hielt das aber für unvereinbar mit seiner Funktion im Unternehmen. Als dieser Wunsch klar wurde, war es relativ einfach, eine Lösung zu finden, die sowohl dem Mitarbeitenden wie dem Unternehmen entgegenkam.

Effektives Retentionmanagement ist möglichst weitgehend individualisiert oder mindestens zielgruppenorientiert. Es beginnt damit, die Bedürfnisse der einzelnen Zielgruppen aufzunehmen und auf ihre spezifischen Bedürfnisse einzugehen. Meist zeigt eine nähere Analyse der individuellen Bedürfnisse, dass verschiedene Zielgruppen unterschieden werden können, die auch im Retentionmanagement unterschiedlich anzusprechen sind. So haben jüngere und ältere Mitarbeitenden sowie Nachwuchskräfte und Leistungsträger in der Regel unterschiedliche Bedürfnisse, auf die eingegangen werden muss, wenn die Retentionmaßnahmen erfolgreich sein sollen. Abbildung 7.6 zeigt ein Beispiel einer Zielgruppenorientierung im Retentionmanagement.

Im Retentionmanagement gibt es keine einfachen Rezepte, und es genügt meist auch nicht, nur die Rahmenbedingungen zu gestalten. Die folgende Grafik beschränkt sich naturgemäß auf allgemeine Retentionmaßnahmen (siehe Abb. 7.7). Sie macht deutlich, dass neben den materiellen eine Vielzahl immaterieller Möglichkeiten bestehen. Ein wirksames Anreizmanagement muss das ganze Spektrum der materiellen und immateriellen Anreize einbeziehen. Über Geld allein kann in der Regel keine Bindung und Loyalität erreicht werden, solange Führungsqualität und Kultur nicht stimmen. Die intrinsischen Ansätze

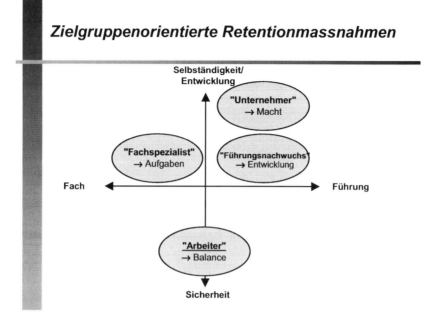

Abb. 7.6 Zielgruppenorientierte Retentionmaßnahmen

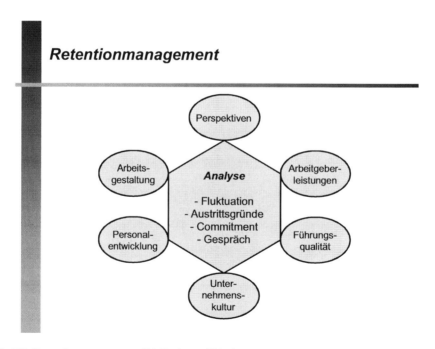

Abb. 7.7 Retentionmanagement (Maßnahmenfelder)

greifen nur, wenn das oberste Management mitzieht und eine gesicherte Vertrauensbasis besteht.

Standortbestimmungsmöglichkeiten können den Mitarbeitenden *Perspektiven* vermitteln. Diese schrumpfen, wenn dauernd Externe in Schlüsselfunktionen geholt werden. Die Bedeutung der *materiellen Arbeitgeberleistungen* wird oft überschätzt. Am ehesten kann sich ein Unternehmen über ein paar außergewöhnliche und individualisierte Leistungen profilieren. Die meisten Austritte haben mit Führung und *Führungsqualität* zu tun. Die Vorgesetzten tragen die größte Verantwortung betreffend Retention. Zentrale Retentionmaßnahmen sind Investitionen in die Führungsqualität. Führungsqualität muss deshalb vermehrt gefördert, gemessen und belohnt werden. Retentionmanagement steht auch in engem Zusammenhang mit *Unternehmenskultur* und Werten. Das Unternehmen muss Klarheit darüber schaffen, welche Werte im Unternehmen wichtig sind und sie auch leben. Im besten Fall stimmen diese Werte mit dem individuellen Wertekanon überein. Grundlage sollte ein Klima von Vertrauen und Sicherheit darstellen. Ebenso zentral sind ein positives Unternehmensumfeld und die *Personalentwicklung*. Langfristig dürfte die Arbeit an sich und ihre konsequente Ausrichtung auf die individuellen Bedürfnisse der Mitarbeitenden ein wichtiges Motiv sein, im Unternehmen zu bleiben. Weitere Maßnahmenansätze sind aus der folgenden Übersicht ersichtlich (siehe Abb. 7.8).

7.3.2 Entgeltsysteme

Stellvertretend für die Arbeitgeberleistungen werden noch die Entgeltsysteme näher besprochen.

Entgeltsysteme sind zunehmend *ganzheitlich* zu betrachten. Sie berücksichtigen neben den traditionellen Inhalten Unternehmens- und Bereichserfolg, die Neben- und Sozialleistungen (z. B. Altersvorsorge), steuerliche Aspekte sowie die nichtmonetären Anreize. Wir müssen vom reinen Cash-Denken wegkommen. Nur eine Total Compensation-Betrachtung erlaubt ein fundiertes Gehalts-Benchmarking.

Bei den Entgeltsystemen sind die folgenden Trends/Entwicklungen festzustellen:

- Die Leistung wird stärker gewichtet.
- Die Beurteilung erfolgt primär aufgrund vereinbarter Ziele. Ein durchgängiges Zielvereinbarungssystem ist die Grundlage von Leistungsentlohnung.
- Fringe benefits und Cafeteria-Systeme gewinnen langsam an Bedeutung.

Gerechtigkeitsprinzipien in Entgeltsystemen

In allen Entgeltsystemen spielen Gerechtigkeitsprinzipien eine wichtige Rolle (siehe Abb. 7.9).

Nur faire Entgeltsysteme motivieren. Um die besten Mitarbeitenden anzuziehen und zu halten, muss der Markt im Auge behalten werden. Ein wesentlicher Ansatz dürfte sein, die Entgelte laufend am Markt zu vergleichen. Aussagekräftige Lohnvergleiche sind allerdings

Feld	Massnahmen
Perspektiven	◆ Standortbestimmungsmöglichkeiten ◆ Entwicklungsperspektiven aufzeigen ◆ Priorität interne Rekrutierung ◆ Fachlaufbahn ◆ viele „kleine" Beförderungen
Arbeitgeber-Leistungen/Work-life-Balance	◆ Entgeltsystem ◆ Teilzeitarbeit ◆ flexible Arbeitszeitmodelle ◆ Sabbaticals ◆ Cafeteria-Ansätze ◆ Jokertag ◆ Gesundheitsförderung (Fitness-Club) ◆ Spontanankerkennung für besondere Leistungen ◆ Fringe Benefits
Führungsqualität	◆ Führungstrainings ◆ Führungsqualität messen und belohnen ◆ Demotivation erkennen und vermeiden
Unternehmenskultur und Werte	◆ Zukunftsperspektiven Unternehmen aufzeigen ◆ Identifikation mit Werten ◆ Commitment ◆ Vertrauen, Partnerschaft ◆ Loyalitätskontrakt mit Mitarbeitenden ◆ Kommunikation verbessern ◆ gemeinsamer Erfolg ◆ Sicherheit geben ◆ Unternehmenskommunikation ◆ unterstützende Events
Personalentwicklung	◆ grosszügige und kontinuierliche Personalentwicklung ◆ individuelle Fördermassnahmen ◆ Coachingmöglichkeiten
Arbeitsgestaltung	◆ interessante Arbeit/Projekte ◆ Handlungsspielraum vergrössern ◆ Job Sculpturing ◆ Job Rotation

Abb. 7.8 Maßnahmen im Retentionmanagement

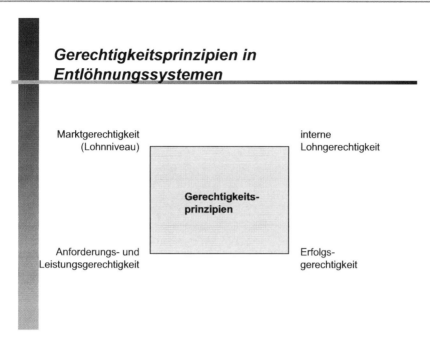

Abb. 7.9 Gerechtigkeitsprinzipien in Entgeltsystemen

selten. Die interne Lohngerechtigkeit im Sinne des Vergleiches zu den Kollegen ist immer noch entscheidend. Als Orientierungsmaßstab für das Gefühl, gerecht oder ungerecht behandelt zu werden, dient der soziale Vergleich mit ähnlichen Personen und die Beurteilung, ob die Leistungen in einer akzeptablen Bandbreite liegen. Im internen oder externen Vergleich als ungerecht empfundene Löhne wirken langfristig demotivierend. Anforderungs- und Leistungsgerechtigkeit werden zunehmend erwartet. Alle vier Lohngerechtigkeiten sollten in einer als gerecht empfundenen Balance stehen.

Entgeltfindungsprozess

Größere Unternehmen kommen nicht um eine gewisse *Lohnsystematik* herum, wenn sie sich nicht dem Vorwurf der Willkür aussetzen wollen. Größe, „Geschichte" der Lohnfindung im Unternehmen, Mitarbeiter- und Unternehmensstruktur, Führungsstil, Unternehmenskultur, Art des Geschäftes, verfügbare Mittel, tarifvertragliche Rahmenbedingungen, Erfahrungen mit Lohnsystemen und finanzielle Möglichkeiten spielen eine Rolle. Unterschiedliche Strategien verlangen unterschiedliche Anreizsysteme. Die Messkriterien ergeben sich aus den definierten Kernkompetenzen. Verhaltensweisen, die gefördert werden sollen, müssen auch belohnt werden.

Lohnsysteme werden flexibler, dynamischer und individualisierter. Dazu dienen unter anderem Bandbreiten und Wahlmöglichkeiten.

Ziele und Beurteilung

In zwei Dritteln aller Unternehmen enthalten die Entgelte eine wichtige Leistungskomponente. Der leistungsbezogene Anteil der Entlohnung ist kontinuierlich wichtiger geworden.

Wenn ein Leistungslohn ausbezahlt werden soll, sind individuell formulierte Ziele unerlässlich. Anerkannten Vorteilen wie Förderung der Zielorientierung, Spielraum für unternehmerisches Denkens und Handelns, objektivere Beurteilung sowie Anlass zu Dialog zwischen Vorgesetztem und Mitarbeitendem stehen bedenkenswerte Vorbehalte gegenüber. Oft sind die Ziele zu vage formuliert. Sie sind unflexibel und werden der Dynamik des modernen Wirtschaftslebens nicht gerecht. Komplexe Tätigkeiten und qualitativ anspruchsvolle Aspekte lassen sich schwer messen. Zielvereinbarung und Beurteilung sind aufwändig. Zu hoch gesteckte Ziele lähmen, zu tief angesetzte fordern zu wenig heraus. Beurteilung aufgrund von Zielen erzeugt eine Scheinobjektivität. Die Wahrheit heißt Subjektivität. Die Vorgesetzten beurteilen ungern. 80 % der Beurteilungen sind zu gut. Die Jahresgespräche sind unbeliebte Pflichtübungen. Nicht erreichte Ziele können demotivieren.

Daraus folgt, dass die individuellen Ziele in einem möglichst engen Zusammenhang zu den strategischen Unternehmenszielen stehen sowie möglichst konkret und flexibel anpassbar sein sollten. Außerdem braucht es ein gemeinsames Verständnis darüber, wie die Zielerreichung gemessen wird. Das Verfahren muss fair sein.

Wie weit sich die Zielerreichung direkt im Lohn niederschlagen soll, ist umstritten. Für einen Leistungslohn spricht, dass sich Leistung lohnen soll. Für die Mitarbeitenden ist Leistungslohn eine Form der Anerkennung. Lohngerechtigkeit verlangt die Berücksichtigung der Leistung. Gemäß Demoscope (Umfrage 2011) sprechen sich in der Schweiz drei Viertel der Mitarbeitenden für Leistungslöhne aus, bei den Führungskräften nahezu 100 %. Intrinsische Motivation und Leistungsbereitschaft der Mitarbeitenden scheinen durch die Einführung von Leistungslöhnen nicht übermäßig gelitten zu haben.

Leistungslöhne haben allerdings verschiedene Risiken und Nebeneffekte.

- Mitarbeiterbefragungen bestätigen, dass die Vergütung weniger wichtig ist als Arbeitsinhalt, Entwicklungsperspektiven und Führung. Die meisten Menschen trachten nach intrinsischen Werten. Erst wenn sie diese nicht erhalten, werden die extrinsischen wichtiger.
- Die oft behauptete Kausalität zwischen Leistungslohn und Unternehmensleistung kann schwer nachgewiesen werden.
- Durch variable Leistungslöhne wird die intrinsische Motivation verdrängt.
- Die tatsächliche Beeinflussbarkeit ist oft gering. Oft ist es auch schwierig, den Erfolg einer einzelnen Person zuzuschreiben.
- Teamarbeit kann durch individuelle Leistungslöhne unter Umständen negativ beeinflusst werden.
- Leistungslohn kann dazu führen, dass nur gerade die Arbeit verrichtet wird, die durch die Leistungskriterien erfasst wird.

Die Gründe für oder gegen leistungsbezogene Entgeltsysteme sind unternehmensspezifisch sorgfältig abzuwägen. Die Erfahrung zeigt, dass die Verbindung zwischen Beurteilung und Lohn nicht zu direkt und der leistungsbezogene Anteil nicht zu hoch sein sollte.
Vergütungssysteme sollten vor allem Feedback und Anerkennung vermitteln. Sonderbe-
lohnungen für herausragende Leistungen sind besonders wirksam.

Erfolgsbeteiligung

Erfolgsbeteiligung ist vom Erreichen von Unternehmens-, Bereichs- oder Teamzielen abhängig.

Bei den variablen Entgeltanteilen waren in den letzten Jahren vor allem bei Banken
teilweise Auswüchse zu beobachten. Obwohl die Effizienz umstritten ist, liegen variable
Entgeltanteile im Trend. Sie sollen unternehmerisches Denken und Handeln fördern, können aber auch dazu führen, dass nur noch das getan wird, was bonuswirksam ist. Außerdem
sind die Beeinflussungsmöglichkeiten „bei Lichte besehen" häufig relativ gering. Mindestens ein Teil des Bonus sollte an langfristige Ergebnisse geknüpft werden und der Bonus
sollte insgesamt nicht zu hoch angesetzt werden.

Bei der Ausgestaltung einer Erfolgsbeteiligung sind der Kreis der Anspruchsberechtig-
ten, die Messbasis (Unternehmenserfolg, Bereichserfolg, individuelle Leistung), das Verhältnis von fixem zu variablem Anteil sowie die Messgrößen (Umsatzvolumen, Betriebsge-
winn, Marktentwicklung im Vergleich zur Konkurrenz) festzulegen. Eine mittelgroße Bank
zieht die Gesamtbankziele, definierte wirtschaftliche Kennzahlen und sinnvollerweise die
Entwicklung im Vergleich mit der relevanten Konkurrenz heran. Wenn Leistung relativ
gemessen wird, werden Rücken- und Gegenwind neutralisiert. Es geht nur noch darum,
besser zu sein als der Markt.

Risiken können resultieren, wenn die falschen Messgrößen gewählt werden, keine gesicherte Datenbasis besteht oder die individuelle Zurechenbarkeit nicht gegeben ist. Überris-
sene Boni sind ein Problem wenn sie falsche Anreize setzen und zu Hochrisikogeschäften
anstiften. Die geringen Beeinflussungsmöglichkeiten legen es nahe, den Bonus nicht an den
Aktienkurs zu knüpfen.

Darüber hinaus sind für Managementfunktionen auch Kapitalbeteiligungen am finanziellen Erfolg des Unternehmens vorgesehen. Die Ausgestaltungsformen sind in der Praxis
vielfältig und die Risiken für Unternehmen und Beteiligte in Krisenzeiten bedeutend.

Anpassungsrisiko (Falsch qualifizierte Mitarbeitende)

8.1 Identifizieren

Wandel wird zunehmend zum Dauerzustand, von dem sich Unternehmen nicht dispensieren können. Kaum ein Unternehmen, das in den letzten Jahren nicht größere Veränderungen verkraften musste. Fusionen, strategische Neuausrichtungen und Restrukturierungen forderten Management und Mitarbeitende oft bis an die Grenze ihrer Belastbarkeit. Ruhigere Zeiten sind nicht in Sicht. Menschen und Organisationen bleiben nur lebensfähig, wenn sie sich kontinuierlich und flexibel den veränderten Bedingungen anpassen.

In der Schweiz wurden in den letzten Jahren alle Großbanken mehrfach reorganisiert. Die meisten Mitarbeitenden haben heute neue Aufgaben, oft auch einen neuen Vorgesetzten oder sogar einen neuen Arbeitsort. Die Telekommunikationsbranche wurde mit einschneidenden Auswirkungen für alle Beteiligten liberalisiert. Weitere Beispiele sind öffentliche Verwaltungen, die unter dem Titel New Public Management einer unternehmerischen Aufgabenerfüllung verpflichtet wurden. Marketingmäßige und akquisitorische Aufgaben müssen angepackt werden, die für die Unternehmen neu sind und für die es wenig internes Potenzial gibt.

Treiber ist außerdem ein rascher technologischer Wandel. Vorhandenes Wissen entwertet sich immer schneller. Ganze Mitarbeitersegmente genügen bei einem Technologiesprung nicht mehr den höheren Anforderungen. Dementsprechend werden Mitarbeitende entlassen und neue, anders qualifizierte eingestellt. Durch vorausschauende Planung, bereichsübergreifende Sichtweise und Um- und Neuqualifizierung ließe sich mindestens ein Teil dieser Personalfreisetzungen für beide Seiten befriedigender lösen, als dies heute der Fall ist.

Die wichtigsten Anpassungsrisiken sind in der folgenden Darstellung zusammengefasst (siehe Abb. 8.1).

J.-M. Kobi, *Personalrisikomanagement*, DOI 10.1007/978-3-8349-4210-4_8,
© Springer Fachmedien Wiesbaden 2012

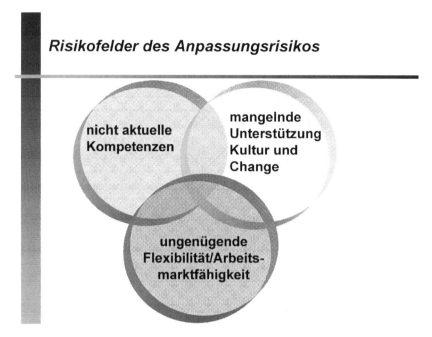

Abb. 8.1 Risikofelder des Anpassungsrisikos

8.1.1 Nicht aktuelle Kompetenzen

- Neue Methoden und Technologien, aber auch gesteigerte Umfelddynamik und Wandel verschiedenster Art führen zu einem erhöhten Personalentwicklungsbedarf und verlangen von den Mitarbeitenden permanentes Lernen. Während die Halbwertszeiten des beruflichen Wissens rapid sinken, erhöht sich das geforderte Kompetenzniveau kontinuierlich. Der Wissensbedarf steigt an jedem Arbeitsplatz und in allen Branchen. Lebenslanges Lernen wird vom Schlagwort zum absoluten Muss. Der eigene Rucksack muss immer wieder neu gefüllt werden. Kompetenzen und Fähigkeiten der Mitarbeitenden werden zum entscheidenden Wettbewerbsvorteil.
- Falsch qualifizierte Mitarbeitende sind ein Anpassungsrisiko. Wenn der Änderungsbedarf nicht frühzeitig erkannt wird oder die notwendigen Qualifizierungsanstrengungen nicht konsequent genug sind, steigt die Gefahr, dass irgendwann harte Maßnahmen wie Entlassungen oder vorzeitige Pensionierungen, mit dem begleitenden Imageverlust, erforderlich werden.
- Lediglich etwa ein Viertel aller Erwerbstätigen beteiligen sich an Weiterbildungen. 80 % der Personalentwicklung wird für 20 % der Mitarbeitenden erbracht. Die An- und Ungelernten sowie die älteren Mitarbeitenden sind an Weiterbildungsveranstaltungen stark untervertreten.

- Oft hat die Personalentwicklung wenig Bezug zu den strategischen Kernkompetenzen und führt ein isoliertes Dasein. Punktuell werden aufgrund der Tagesaktualität interessante Programme durchgeführt, denen aber der Bezug zu Strategie und Kultur fehlt.
- Der mangelhafte Transfer von Personalentwicklungsmaßnahmen ist ein Dauerthema.
- Im Wissensmanagement liegen heute nach einhelliger Auffassung viele Ressourcen brach. Unternehmen nutzen nur einen kleinen Teil ihrer Erfahrungen. Sie lernen nicht als Unternehmen, bzw. reflektieren ihre Projekte und Prozesse nicht systematisch.

8.1.2 Fehlende Bereitschaft, Unternehmenskultur und Veränderungen mitzutragen

Ein Anpassungsrisiko besteht bei Mitarbeitenden, die sich nicht an notwendigen Wandel oder neue kulturelle Anforderungen anpassen können oder wollen. Das können Mitarbeitende sein, die strategischen oder kulturellen Wandel nicht mittragen oder solche, denen es an Leistungswillen oder Veränderungsbereitschaft fehlt. Risiken entstehen auch, wenn sich im Unternehmen Besitzstandsdenken und Anspruchsmentalität breit machen.

Es sind nicht allein die Strategien, die erfolgreich sind, nicht die Strukturen, die Zusammenarbeit erleichtern, nicht die Prozesse, die Effizienz erlauben, sondern die Menschen, die diese mittragen und umsetzen. Viele Misserfolge in der Strategieumsetzung und in der Einführung neuer Strukturen haben ihren Ursprung in einer nicht adäquaten Kultur. Trotzdem wird die Unternehmenskultur im Unternehmensalltag kaum bewusst entwickelt. Aufgrund ihrer Komplexität wird sie gerne verdrängt oder es fehlt dafür die nötige Sensibilität. Der Glaube an harte Fakten dominiert.

8.1.3 Ungenügende Flexibilität und Arbeitsmarktfähigkeit

Das Marktumfeld verändert sich immer schneller. Das zwingt Unternehmen und Mitarbeitende, sich ihrerseits zu wandeln und flexibel zu bleiben. Anpassungsfähigkeit und -bereitschaft sind Bestandteil einer zukunftsfähigen Kultur. Die Fähigkeit, auf individueller und unternehmerischer Ebene schnell zu lernen und flexibel zu bleiben, wird sowohl für Unternehmen wie für Mitarbeitende je länger je mehr zu einer Kernfähigkeit. Wer nicht flexibel ist, wird zum unbeweglichen Dinosaurier, und Dinosaurier sind bekanntlich ausgestorben.

Heute macht das Schlagwort von der Arbeitsmarktfähigkeit die Runde. Die Mitarbeitenden sind gefordert, ihre Arbeitsmarktfähigkeit zu erhalten, und die Unternehmen, sie dabei mit einem entsprechenden Umfeld und Entwicklungsmöglichkeiten zu unterstützen. Arbeitsmarktfähigkeit ersetzt teilweise Arbeitsplatzsicherheit.

8.1.4 Freisetzungsrisiko

Die Freisetzung von Mitarbeitenden beinhaltet in aller Regel für das Unternehmen ein Imagerisiko. Gemäß einer Studie der American Management Association führen wiederholte Entlassungswellen zu niedrigerem Gewinn und sinkender Produktivität. Nicht einmal jedem zweiten Unternehmen gelingt es, nach einem Personalabbau die Produktivität zu erhöhen.

Wenn Arbeitsplätze verschwinden, leidet darunter die Loyalität der Überlebenden. Betriebswirtschaftliche, kurzfristige Denkweisen auf Arbeitgeberseite fördern egoistische Tendenzen auf Arbeitnehmerseite. Das Arbeitsverhältnis wird vermehrt auf die rein vermögensrechtliche Austauschbeziehung reduziert, wobei die psychologische Bindung verloren geht (siehe auch Kap. 13).

8.2 Messen und überwachen

8.2.1 Anpassungsrisiko messen

Unternehmen sollten sich bewusst immer wieder mit Zukunftstrends und -szenarien auseinandersetzen und die unternehmensbezogenen Folgerungen daraus ziehen. Instrumente der Früherkennung, wie sie in Abschn. 3.4 vorgestellt wurden, können wichtige Informationen zu Personalentwicklungsnotwendigkeiten liefern und als Ausgangspunkt für Steuerungsmaßnahmen dienen.

Die Führungskräfte müssen sich zusammen mit dem HRM regelmäßig fragen, wie sich Bedarf und Anforderungen bestimmter Funktionen voraussichtlich entwickeln. Meist leuchten Warnlampen auf, lange bevor einschneidende Maßnahmen nötig werden. Führungskräfte, die die Botschaften sensibel wahrzunehmen verstehen und die schwachen Signale beachten, haben größere Chancen, präventive Maßnahmen treffen zu können. Einzelnen und insbesondere gefährdeten Mitarbeitenden kann rechtzeitig die Möglichkeit zu einer Standortbestimmung und allfälligen Neuausrichtung geboten werden.

Eine Kompetenzspinne bietet die Möglichkeit, auf einfache und effiziente Weise Leistungsbeurteilung und zukunftsbezogene Anforderungen einander gegenüberzustellen und Gaps zu eruieren. Abbildung 8.2 zeigt ein Beispiel.

Auf Bereichs- und Unternehmensebene kann zur Veranschaulichung des Anpassungsrisikos ein Portfolio erstellt werden (siehe Abb. 8.3).

Für die Beurteilung des Veränderungsvermögens der Mitarbeitenden können z. B. der Anteil der breit einsetzbaren Mitarbeitenden, die Anzahl der Ausbildungstage pro Mitarbeitender oder die Anzahl Mitarbeitende, die bereits mehr als sieben Jahre in derselben Funktion sind, herangezogen werden:

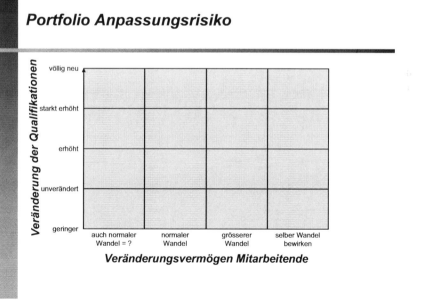

1. Unternehmerisches Denken und Handeln
Antizipation von Trends, Visionäres u. Strategisches Denken u. Handeln, MA zu
unternehmerischen Denken u. Handeln motivieren, Umgang mit Unsicherheit,
Mehrdeutigkeit, Komplexität

14. Projekt-u. Prozessmanagement
Projektmanagement beherrschen, Prozessmanagement
beherrschen

2. Kunden-und Marktorientierung
Marktorientiertes u. kaufmännisches Denken, Kundenorientierung,
Beratungs-u. Akquisitionskompetenz, Serviceorientierung

13. Funktionsspezifische Fachkompetenz
Methoden u. Techniken beherrschen, Antizipierung neuer
Entwicklungen, Anwendung Technologien/IT

3. Ziel-u. Ergebnisorientierung
Effizienz und Effektivität, Ressourceneinsatz,
Zielsetzungsfähigkeit, Umgang mit Risiken

**12. Leistungsbereitschaft/
Eigeninitiative**
Leistungsbereitschaft, Selbständigkeit,
Eigenverantwortung, Eigeninitiative

**4. Informations-u.
Kommunikationsfähigkeit**
Gesprächsführung und Zuhören,
Informationsaufnahme und -verarbeitung,
Ausdruck

**11. Veränderungs-und
Lernbereitschaft**
Offenheit für Neues/Flexibilität, Veränderungsprozesse
initiieren/durchführen, Umgang mit Widerstand,
Lernförderung

5. Soziale Kompetenzen
Empathie/Soziale Wahrnehmung,
Konfliktfähigkeit,
Kontaktfähigkeit/Networking,
Glaubwürdigkeit/Authentizität

10. Handlungskompetenz
Belastbarkeit (Stressmanagement), Entscheidungs-
fähigkeit/Verantwortung, Selbstständigkeit
Selbstführung, Planung und Organisationsgeschick
Durchsetzungsfähigkeit

6. Teamfähigkeit und Kooperation
Das Team erfolgreich machen, Gutes Klima herstellen,
Kooperationsfähigkeit

7. Führungsfähigkeit
Mitarbeiterförderung und -entwicklung, Delegation,
Coaching, Position ergreifen, Kritik-u. Feedback-Fähigkeit,
Motivationsfähigkeit

9. Kognitive u. intellektuelle Fähigkeiten
Auffassungsgabe/-geschwindigkeit, Problemlösefähigkeit,
Konzeptionelle Fähigkeiten, Denken in Zusammenhängen,
Analytisches Denken und Handeln, Kreativität

8. Qualitätsorientierung
Sicherstellung Qualität/Wertschöpfung, Sorgsamkeit/
Fehlerminimierung/Zuverlässigkeit, Umgang mit Innovationen,
Optimierungsfähigkeit

Abb. 8.2 Kompetenzspinne (Beispiel)

Abb. 8.3 Portfolio Anpassungsrisiko

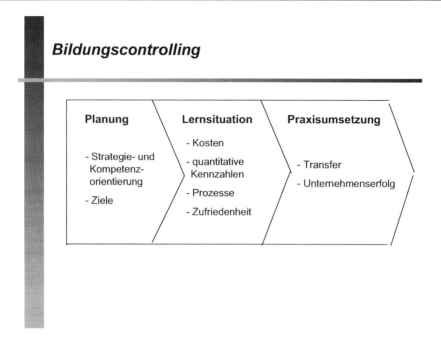

Abb. 8.4 Bildungscontrolling

8.2.2 Bildungscontrolling

Das Bildungscontrolling soll den Nutzen der Personalentwicklung in allen Phasen des Personalentwicklungsprozesses bewerten und damit einen Beitrag zur Steuerung der Personalentwicklung leisten.

Wenn der Personalentwicklungsprozess in die Phasen Planung, Lernsituation und Praxisumsetzung gegliedert wird (siehe Abb. 8.4), sind die Strategie- und die Transferorientierung die neuralgischen Punkte. Sie sollten auch im Bildungscontrolling im Vordergrund stehen. Die beiden entscheidenden Fragen lauten somit:

- Werden aus strategischer Sicht die richtigen Fähigkeiten und Kompetenzen gefördert?
- Was setzen die Teilnehmer konkret um?

Während sich die Programme relativ einfach auf ihre Strategieorientierung hin beurteilen lassen, ist die Transferbeurteilung, d. h. die Frage, wie weit wichtige Personalentwicklungsmaßnahmen in der Praxis den erhofften Nutzen bringen, wesentlich aufwändiger. Zu fragen ist hier:

- Wie gut konnte das Gelernte im Alltag umgesetzt werden?
- Wie hat der Vorgesetzte bei der Umsetzung unterstützt?

- Welche Veränderungen haben stattgefunden?
- Wie haben sich die Veränderungen auf die Qualität der Arbeit und der Ergebnisse ausgewirkt?

Abbildung 8.5 zeigt Messgrößen zum Bildungscontrolling.

Zur Einschätzung des *kulturellen Fits* stellte ein großes Industrieunternehmen folgende Fragen (siehe Abb. 8.6).

Nehmen Sie bitte Stellung zu folgenden Aussagen betreffend die Unternehmenskultur:

Das Modell der Arbeitsmarktfähigkeit (siehe Abb. 8.7) zeigt die wichtigsten Felder eines Arbeitsmarktfähigkeitstests, der im Sinne einer Selbstbeurteilung von den Mitarbeitenden ausgefüllt werden kann.

Zusammenfassung Risikoereignisse und Messgrößen zum Anpassungsrisiko	
Risikoereignisse	Messgrößen
Kompetenzen: mangelnde Kenntnis der in Zukunft entscheidenden MA-Kompetenzen fehlendes Kompetenzmodell ungenügende Kenntnis Um- und Neuqualifizierungsnotwendigkeiten hoher Neu- und Umqualifizierungsbedarf	Vorhandensein klarer Kompetenzprofile (S) fehlende MA in kritischen Zielgruppen (S) Anteil MA, die Kompetenzprofil entsprechen (S)
Personalentwicklung: nicht auf Strategie fokussierte PE-Angebote keine praxis- und umsetzungsorientierte Weiterbildung keine Zeit für Weiterbildung fehlender Qualifikationswille keine systematische Reflexion im Unternehmen fehlendes Wissensmanagement	Personalentwicklungsinvestitionen (K) Personalentwicklungstage pro MA (K) Anteil strategieorientierte Personalentwicklung (S) Transfergespräche mit 10 % der Vorgesetzten (S) Lernbereitschaft der MA (I)
Unternehmenskultur: nicht adäquate Unternehmenskultur mangelnde Identifikation mit Strategie und Unternehmenskultur geringe Veränderungs- und Lernbereitschaft der MA	Fragen zu Unternehmenskultur-Fit (I) Index Veränderungsbereitschaft (I)
Arbeitsmarktfähigkeit/Flexibilität: unflexible MA/ungenügende Arbeitsmarktfähigkeit Imagerisiko bei Personalfreisetzungen	Anzahl Job rotations (K) Anzahl MA, die länger als 7 Jahre in Funktion (K) Anzahl Arbeitsmarktfähigkeits-Checks (S) Flexibilitätsindex (I)

Kennzahlen	Beurteilung Standards	Indikatoren aus Befragungen
Personalentwicklungsinvestitionen pro MA Anzahl Weiterbildungstage pro MA Anzahl Weiterbildungstage pro Führungskraft	Anteil strategieorientierte Personalentwicklungsmassnahmen Vorhandensein einer fundierten Personalentwicklungsplanung	Fragen in Mitarbeiterbefragung zu Transfer und Entwicklungsmöglichkeiten Seminarbeurteilung durch Teilnehmer
Personalentwicklung nach Alter, Geschlecht usw.	Anteil MA mit Entwicklungsplan Anteil MA, die Kompetenzprofil entsprechen Durchführung Transfergespräche mit MA und Vorgesetzten	Polyvalenzindex

Abb. 8.5 Messgrößen zum Bildungscontrolling

	stimmt völlig	stimmt eher	weder noch	stimmt eher nicht	stimmt überhaupt nicht
	5	4	3	2	1
1. Bei uns spürt man, dass das Wohl der Mitarbeitenden wichtig ist.	❏	❏	❏	❏	❏
2. Bei uns gibt es eine klare Linie, die wir befolgen.	❏	❏	❏	❏	❏
3. Wir legen konsequent Wert auf qualitativ hervorragende Dienstleistungen.	❏	❏	❏	❏	❏
4. Mein Unternehmen erlebe ich als innovativ.	❏	❏	❏	❏	❏
5. Das Kostenbewusstsein ist bei uns sehr ausgeprägt.	❏	❏	❏	❏	❏
6. Notwendige Informationen über betriebliche Ereignisse erhalten wir laufend.	❏	❏	❏	❏	❏
7. Bei uns herrscht ein motivierender Führungsstil.	❏	❏	❏	❏	❏
8. Bei uns passieren wenig Fehler.	❏	❏	❏	❏	❏
9. Bei uns wird auch Bewährtes immer wieder in Frage gestellt.	❏	❏	❏	❏	❏
10. Unsere technischen Einrichtungen sind auf dem neusten Stand.	❏	❏	❏	❏	❏
11. Eine zuvorkommende und freundliche Betreuung unserer Kunden ist bei uns selbstverständlich.	❏	❏	❏	❏	❏
12. Dynamisches Handeln zeichnet unser Unternehmen besonders aus.	❏	❏	❏	❏	❏
13. Bei uns wird alles unternommen, um die Kosten tief zu halten.	❏	❏	❏	❏	❏
14. Bei uns herrscht eine grosse Bereitschaft, sich mit technischen Neuerungen auseinanderzusetzen.	❏	❏	❏	❏	❏
15. Reklamationen werden bei uns sehr ernst genommen.	❏	❏	❏	❏	❏
16. Konflikte werden ausgetragen und nicht beschönigt oder vertuscht.	❏	❏	❏	❏	❏

Abb. 8.6 Fragen zum Unternehmenskultur-Fit (Kreuzen Sie bitte pro Aussage ein Kästchen an)

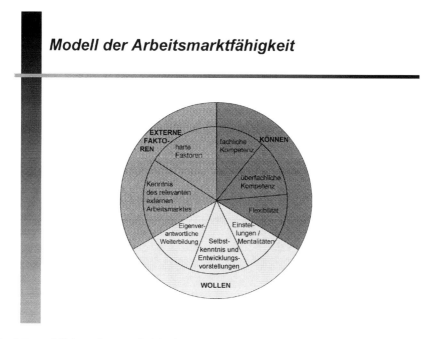

Abb. 8.7 Modell der Arbeitsmarktfähigkeit

8.3 Steuern

8.3.1 Personalentwicklung

Die Personalentwicklung hat einen wichtigen Beitrag zur Umsetzung der Unternehmensstrategie und -kultur zu leisten. Sie wird immer mehr zum entscheidenden Wettbewerbsvorteil. Erfolgreiche Unternehmen machen das Lernen der Mitarbeitenden zur Daueraufgabe. Die Bedeutung eines kontinuierlichen Wissenserwerbs aller Mitarbeitenden kann für die Leistungsfähigkeit eines Unternehmens nicht hoch genug eingeschätzt werden. Die Fähigkeit, schneller zu lernen als die Konkurrenz, ist der einzige dauerhafte Wettbewerbsvorteil. Aktive Zukunftsgestaltung erfordert die kontinuierliche Bereitschaft zu lernen. Ausbildungsfreundliche Unternehmen rechnen mit einem hohen Return-on-Investment der Ausbildungskosten.

Das intellektuelle Kapital ist ein versteckter Wert, der in keiner Bilanz erscheint. Aus- und Fortbildung sind nicht als Aufwand, sondern als Investition in die Zukunft zu betrachten. Nur mit einer solchen Sichtweise kann ein Humanpotenzial entwickelt werden, das den zukünftigen Anforderungen gerecht wird.

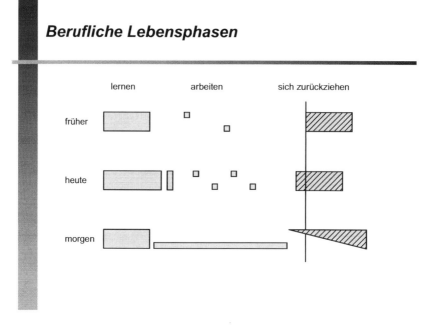

Abb. 8.8 Berufliche Lebensphasen

Die Realität sieht leider anders aus:

- Die Personalentwicklungsbudgets werden zuerst gekürzt.
- Harte Themen dominieren unter dem Wirtschaftsdruck immer mehr.
- Bewilligt werden nur noch Weiterbildungen mit direktem Nutzen für das Unternehmen.
- Die Unterstützung von oben ist oft lau und das Management engagiert sich wenig als Referenten oder Sponsoren in der Personalentwicklung.
- Die Führungskräfte werden nicht für die Förderung ihrer Mitarbeitenden belohnt.

Im intensiven Gespräch mit der Linie ist zu ermitteln, welche Qualifikationen in Zukunft gefordert sind. Das erlaubt es, proaktiv zu handeln, statt nur zu reagieren.

Die Mitarbeitenden sollten motiviert werden, sich im Sinne einer Education permanente weiterzubilden und sich auch immer wieder neue Qualifikationen zuzulegen. Damit werden sie flexibler einsetzbar und erhalten die eigene Arbeitsmarktfähigkeit.

Lernen ist zunehmend auf alle beruflichen Lebensphasen zu verteilen. Die Grundausbildung sollte nicht weiter verlängert, aber kontinuierlich während des ganzen Arbeitslebens ergänzt werden. Dementsprechend könnten die beruflichen Lebensphasen in Zukunft wie folgt aussehen (siehe Abb. 8.8).

Inhalte einer fundierten Personalentwicklung

Personalentwicklung ist die zentrale präventive Maßnahme, um sicherzustellen, dass die Kompetenzen der Mitarbeitenden aktuell bleiben. Sie umfasst alle Maßnahmen, die darauf abzielen, das Leistungsvermögen und die Leistungsbereitschaft der Mitarbeitenden im Hinblick auf zukünftige Aufgaben zu verbessern und einen Beitrag zum lernenden Unternehmen zu leisten. Damit ist nicht nur schulungsmäßige Weiterbildung gemeint. Dazu gehören auch die Übertragung neuer Aufgaben, Versetzungen, Auslandaufenthalte, Projektarbeit, Coaching, Einsatz als Ausbilder/Referent oder Team- und Organisationsentwicklung. Im Folgenden werden Stichworte zu den Personalentwicklungsfeldern angeführt.

Beratung und Betreuung

- *Standortbestimmungsmöglichkeiten* über alle beruflichen Phasen hinweg (Angebote und Hilfestellungen zu Selbstkenntnis und Persönlichkeitsentwicklung, Führungsstilanalyse, 360° Feedback usw.).
- Gemeinsame Erstellen eines *individuellen Entwicklungsplanes* und Fördergespräch.
- Begleitung durch *Mentor oder Coach*: Coaching soll Mitarbeitenden durch Unterstützung und Anregung helfen, in neue Aufgaben und Verantwortungen hineinzuwachsen und erfolgreich zu bestehen oder persönliche Krisen zu bewältigen. Verwandte Unterstützungsformen sind Beratung, Supervision und Mentoring.
- Coaching durch Vorgesetzten.
- *Lernpartnerschaften:* kleine Teams, die zusammenarbeiten und einander Feedback geben.

Förderung im Rahmen der bisherigen Funktion

- *Zusätzliche Aufgaben* oder Aufgaben mit breiterem Spektrum; mehr Kompetenzen und Verantwortung.
- *On-the-job-Training:* On-the-job können am unmittelbarsten Erfahrungen gesammelt werden. Formen von On-the-job-Entwicklungsmaßnahmen sind: Job Enlargement, Job Enrichment, Stellvertreterfunktionen, Action learning, Beratungs- und Verkaufs-Trainings an der Front, Meetings mit anschließender Reflexion. On-the-job-Training setzt voraus, dass sich die Chefs vermehrt als Trainer verstehen.
- Leitung oder Mitarbeit in einer *Projektgruppe/Task force*: Die Mitarbeit in erfolgreichen Projektteams führt erfahrungsgemäß oft zu intensiven Lernerlebnissen. Projektarbeit verbindet die konkrete Problemlösung mit Weiterbildung. Wenn die Projektarbeit regelmäßig reflektiert wird, profitieren sowohl die Mitarbeitenden als auch das Unternehmen.
- Beratungsfunktionen
- Sonder- und Spezialaufgaben
- Moderatorenaufgaben

- Lernen durch Lehren
- Projekt Seitenwechsel zur Förderung der sozialen Kompetenz.

Förderung durch Übertragen einer neuen Funktion

- *Job rotation* ist ein systematisch gestalteter Arbeitsplatz- bzw. Aufgabenwechsel, der es den Mitarbeitenden ermöglicht, fachlich und funktional breite Erfahrungen zu sammeln und gleichzeitig in ihrer sozialen Kompetenz gefördert zu werden. Mit systematischen Wechseln können wahrscheinlich Führungskräfte am effizientesten entwickelt werden. Horizonterweiterung und besseres Verständnis der gesamtunternehmerischen Zusammenhänge sind entscheidende Vorteile. Anspruchsvolle Aufgaben fördern die Entwicklung von Mitarbeitenden oft nachhaltiger als Seminarbesuche. Das Kennenlernen anderer Kulturen trägt entscheidend zur Persönlichkeitsentwicklung bei.
  Die besten Voraussetzungen für Managementfunktionen bringen in der Regel Mitarbeitende mit, die im Rahmen einer spiralförmigen Entwicklung verschiedene Positionen intensiv erlebt haben. Dabei sollte es sich nicht nur um kurzfristige Einsätze handeln, sondern um Aufgaben, in denen auch die Umsetzung verantwortet werden muss, also Einsätze von mindestens drei bis vier Jahren in verschiedenen Bereichen. Damit solche Flexibilität vermehrt normal wird, schränken einzelne Unternehmen die Verweildauer in einzelnen Funktionen ein.
- Funktionen, die viel Lernpotenzial enthalten und sich besonders gut als Rotationsstellen eignen, sollten definiert werden.
- Stages
- Einsatz bei befreundeten Unternehmen, Kunden
- Beteiligung an Forschungsprojekten von Hochschulen

Trainings/Seminare

- *Interne Trainings/Seminare:* Interne Schulungen und Workshops sind unternehmensspezifischer und kulturnaher als externe Veranstaltungen. Es ist auch eine homogenere Gruppenzusammensetzung möglich. Ab sechs bis acht Personen sind sie zudem meist kostengünstiger. Weil für den Aufbau des Führungspotenzials die Kultur und das Umfeld des Unternehmens von großer Bedeutung sind, kommt der Kontinuität unternehmensinterner Maßnahmen große Bedeutung zu.
- *Externe Schulungen* sind als Mittel gegen Betriebsblindheit, zur Schaffung von Kontakten und dort, wo sich eine interne Schulung nicht lohnt, sinnvoll.

Gute Personalentwicklung ist strategie-, praxis-, und transferorientiert.

- *Strategieorientiert:* In der Personalentwicklung findet eine Konzentration auf die Kernkompetenzen statt. Mit Blick auf die Strategie werden die Schwerpunktkompetenzen und -themen festgelegt. Was strategisch wichtig ist, darf auch einmal obligatorisch erklärt werden. Wirksame Personalentwicklung erfolgt kontinuierlich und systematisch. Sie ist der Transmissionsriemen der Strategieumsetzung.

- *Praxisorientiert:* Schulungen finden weniger in Seminaren und Kursen, sondern mehr in Workshops und Projektarbeit statt. Schulung an Unternehmensaufgaben bringt einen direkteren Nutzen. Entwicklungsprozesse sind wichtiger als Seminare. Das Lernen durch Erfahrung (on-the-job) gewinnt an Bedeutung gegenüber dem Lernen durch Verstehen (off-the-job).

- *Individualisiert:* Grundlage ist eine fundierte Abklärung des Potenzials und der Entwicklungsschwerpunkte. Das Unternehmen stellt im Laufe der ganzen Entwicklung Standortbestimmungsmöglichkeiten und individuelle Lernangebote zur Verfügung (lebenszyklusorientierte Personalentwicklung). Die Eigenverantwortung wird betont. Jeder Mitarbeitende ist für seine eigene Entwicklung selbst verantwortlich.

- *Effektiv und effizient:* Immer mehr Programme behandeln immer kleinere Ausschnitte. Schulungen werden künftig kompakter und umsetzungsorientierter, mit dem Nachteil, dass die kurze Dauer es nicht erlaubt, Abstand vom Alltag zu gewinnen, über sich selbst nachzudenken und in der Seminarsituation Fehler zu machen, die im Unternehmen nicht toleriert werden könnten. Gefragt sind kurze, konzentrierte Inputs mit anschließender Arbeit an konkreten Projekten.

  Personalentwicklung muss zunehmend einen unmittelbaren Nutzen bringen. Die Frage nach dem Return-on-Investment wird vermehrt gestellt. Zu jeder Managementschulung gehört eine Kosten-/Nutzenevaluation. Es wird zunehmend nur das bewilligt, was das Unternehmen unbedingt braucht.

  Der „Mindestrucksack" wird verbindlich definiert. Nice-to-know Schulungen oder Schulungen mit Fringe benefits-Charakter verschwinden. Betont wird ein ressourcenorientiertes Lernen, das bei den Stärken ansetzt. Statt Denken in Defiziten und Schwächen, werden Stärken aufgebaut.

- Effizient ist ein Mix verschiedener Methoden, z. B. Planspiele, Outdoortrainings, E-learning und Blended Learning.

- *Transferorientiert:* Zu jeder Managementschulung gehören Transfermaßnahmen. Dabei werden persönliche Maßnahmen und Meilensteine der Entwicklung festgelegt. Am Ende jedes Trainings muss z. B. der Mitarbeitende drei Vorhaben formulieren; 20 % der Teilnehmer und ihrer Vorgesetzten werden spätestens sechs Monate nach der Personalentwicklungsmaßnahme zur Umsetzung befragt; Lernpartnerschaften werden aktiv gefördert und es finden Follow-up-Veranstaltungen statt.

8.3.2 Lernendes Unternehmen

Zukünftiges Lernen bezieht sich nicht nur auf das Individuum, sondern auch auf das Lernen als Unternehmen. Es genügt heute nicht mehr, dass der Einzelne lernt. Er muss das

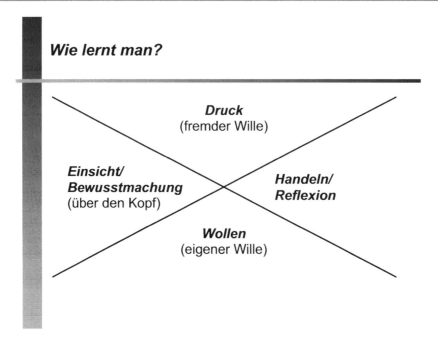

Abb. 8.9 Wie lernt man?

Gelernte auch im Sinne des Ganzen einsetzen, und die Organisation muss lernen, die eigenen Werte und Lernmuster zu hinterfragen.

Unternehmen werden durch Handeln und Reflexion zu lernenden Unternehmen. Sie lernen im Grunde nach ähnlichen Mustern wie Einzelpersonen (siehe Abb. 8.9).

Das Lernfeld „handeln und reflektieren" hebt sich von den andern ab. Gerade im schnellen Wandel gibt es keine Rezepte. Wir müssen uns hineinbegeben und aus Erfahrungen lernen. Unternehmen, die ihre Projekte und Prozesse systematisch reflektieren, sind allerdings selten.

Handeln allein genügt nicht, wenn es nicht reflektiert wird. Gelernt wird, wenn die Lernmuster erkannt werden. Das Lernen selbst muss beobachtet werden, um daraus lernen zu können. Bei der Reflektion von Wandel muss zwischen der konkreten Zielerreichung und den dahinter liegenden Werten und Denkmustern unterschieden werden. Elemente, die das Lernen hemmen, sind herauszukristallisieren.

In einer ersten Phase gilt es, Hypothesen zu formulieren oder eine Theorie zum Handeln zu entwickeln. In der zweiten Phase wird gehandelt und in der dritten reflektiert. Das Lernen wird zum Gegenstand des Lernens gemacht.

Gemäß Probst ist *Wissensmanagement* die Gesamtheit der Kenntnisse und Fähigkeiten, die im Unternehmen zur Lösung von Problemen eingesetzt werden. Mittels Wissensmanagement soll Wissen im Sinne des intellektuellen Kapitals besser genutzt werden. Im Vordergrund stehen systematische Denkmodelle und eine geschickte Vernet-

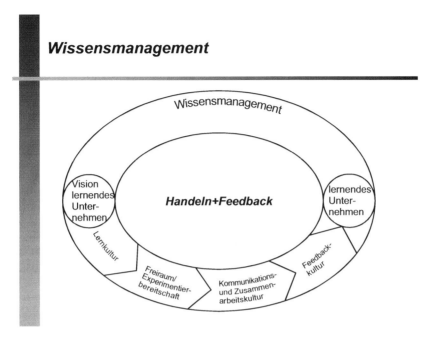

Abb. 8.10 Wissensmanagement

zung und Nutzbarmachung des Wissens im Unternehmen. Es geht darum, Information gezielt auszuwählen, zu speichern und breit verfügbar zu machen.

Die Wissensbeschaffung findet auf allen Ebenen (Individuum, Team und Unternehmen) statt. Während das strukturierte Wissen problemlos weitergegeben werden kann, verlässt das individuelle, implizite Wissen das Unternehmen mit den Mitarbeitenden. Unternehmen müssen implizites Wissen in explizites umwandeln.

Ohne eine Vertrauenskultur lässt sich Wissensmanagement schwer durchsetzen. Fehlt eine Vertrauensbasis fürchten die Mitarbeitenden, Wissen preiszugeben und damit selbst entbehrlicher zu werden.

Ein lernendes Unternehmen basiert auf den Kulturmerkmalen Lernbereitschaft, Freiraum/Experimentierbereitschaft, Kommunikation und Zusammenarbeit sowie Feedback und Reflexion (siehe Abb. 8.10).

Lernkultur

Offenheit gegenüber Neuem, Innovationsbereitschaft und flexibles Reagieren auf sich permanent wandelnde Bedingungen sind nicht selbstverständlich. Wandel kann verunsichern, ängstigen, und wer Angst hat, verschließt sich dem Neuen. Lernkultur wächst auf dem Boden der Sicherheit und des Vertrauens. Im lernenden Unternehmen kommt dem Lernen ein hoher Stellenwert zu. Ideen werden geschätzt. Ängste und Widerstände werden als normal betrachtet und angesprochen. Die Mitarbeitenden lernfähig zu halten und sie dazu zu bringen, primär die Chancen und nicht die Bedrohungen des Wandels zu sehen, ist eine der anspruchsvollsten Führungsaufgaben.

Günstige Rahmenbedingungen können den Lernprozess fördern oder, wenn sie fehlen, hemmen. Hemmend können sich z. B. starre Hierarchien, Spezialisierung, Verunsicherung der Mitarbeitenden und mangelnde Lernressourcen auswirken. Fördernd ist in erster Linie der spürbar hohe Stellenwert des Lernens. Weiter dazu beitragen können Lernmöglichkeiten und Lernsituationen, die bewusst geschaffen werden sowie entsprechende Anreize und Lernangebote.

Freiraum/Experimentierbereitschaft

Wenn primär durch Handeln und Experimentieren gelernt wird, sind die Führungskräfte aufgefordert, ihren Mitarbeitenden zu vertrauen und ihnen den nötigen Rückhalt zu geben, damit sie bereit sind, zu experimentieren. Lernen durch Handeln setzt voraus, dass man handeln darf. Die Mitarbeitenden brauchen die Erlaubnis des Vorgesetzten, und sie brauchen Freiraum, damit sie es wagen, Neuland zu betreten und zu lernen. Fehler müssen gestattet sein, weil sie eine der wichtigsten Lernmöglichkeiten darstellen. Wenn keine Fehler toleriert werden, darf auch keine Initiative erwartet werden. Fehler sind Lernchancen.

Kommunikations- und Zusammenarbeitskultur

Information, Kommunikation und Dialog zählen zu den meistgenannten betrieblichen Schwachstellen. Untersuchungen zeigen, dass die Zufriedenheit der Mitarbeitenden in dem Masse steigt, in dem sie das Bewusstsein haben, frei mit den Vorgesetzten diskutieren zu können. Sinnantworten können wahrscheinlich nur im Gespräch vermittelt und durch offene Information unterstützt werden. Das lernende Unternehmen fördert informelle Kommunikation und Netzwerke.

Echte Entwicklungen gehen meist von kleinen, zueinander passenden Gruppen von Menschen aus. Damit gewinnen die Teamzusammensetzung und der Teamentwicklungsprozess an Bedeutung.

Feedbackkultur

Die Möglichkeiten für Feedback und Reflexion sind vielfältig. Mitarbeitergespräche, Reflexion nach jedem Projekt und jeder Sitzung sind gute Feedbackmöglichkeiten (siehe auch Abschn. 11.3).

8.3.3 Unternehmenskultur und Veränderungsbereitschaft

Die Unternehmenskulturdiskussion hat die Bedeutung der weichen Dimension deutlich gemacht. Inzwischen haben verschiedene Managementtechniken und Modetrends einander abgelöst (Lean Management, Business Reengineering, Total Quality Management usw.). Meist stand eine neue Technik im Vordergrund, aber regelmäßig wurde verkannt, dass eine Managementtechnik allein wenig bringt, wenn nicht eine entsprechende Denkweise der Mitarbeitenden dahinter steht. Entscheidender als die Hardware ist die Software.

Die wirklichen Probleme bei der Einführung neuer Managementsysteme oder im Wandel sind häufig nicht technischer oder wirtschaftlicher, sondern kultureller Art. Im Wandel ist oft die Gewinnung der Mitarbeitenden für das Neue schwieriger als die sachlichen Herausforderungen. So wie sich in der Informatik der Fokus von der Hardware zur Software verlagert hat, machen auch die harten Faktoren im Unternehmen nur einen Teil des Erfolges aus und ihre Bedeutung wird zunehmend relativiert.

Je turbulenter das Umfeld, desto wichtiger werden die mentalen, weichen, irrationalen Elemente. In solchen Situationen helfen die harten Managementregeln und mechanistische Denkweisen, die auf Vernunft gründen, nicht weiter. Es braucht einen Dialog über Ziele und Werte. Neben dem Kopf müssen das Herz angesprochen und die Gefühle einbezogen werden. Erfolgreicher Wandel setzt einen physischen und einen psychischen Wandel voraus. Die „zarten Seifenblasen" sind ebenso stark zu betonen wie die „harten Kisten".

Kultur ist das, was der Mensch geschaffen hat, also was nicht naturgegeben ist, oder, wie es PÜMPIN/KOBI/WÜTHRICH schon 1985 unternehmensbezogen definiert haben, „die Gesamtheit von Normen, Vorstellungen und Denkhaltungen, die das Verhalten der Mitarbeitenden aller Stufen und damit das Erscheinungsbild eines Unternehmens prägen". Für Praktiker ist die Unternehmenskultur die Art und Weise, wie die Dinge im Unternehmen angepackt werden, der Geist und Stil des Hauses oder noch einfacher: die Summe aller Selbstverständlichkeiten.

Abbildung 8.11 zeigt, dass der Unternehmenserfolg das Ergebnis des Zusammenspiels von harten und weichen Faktoren ist. Die Ebene der weichen Bausteine hat mehr das Wollen und die Beziehungsebene sowie Werte und Kultur zum Gegenstand. Die harte Ebene bezieht sich eher auf das Umfeld, den Rahmen und die Spielregeln. Beide Ebenen beeinflussen einander gegenseitig und führen nur zusammen zum Erfolg. Erfolgreicher Wandel kann nicht einseitig auf physischen Wandel fokussieren. Er muss den geistigen Wandel, die Denkweisen und Werte einbeziehen. Es braucht beide Pole und die Balance zwischen physischem und mentalem Wandel.

Die Unternehmenskultur schafft durch gemeinsame Werte Ordnung und Orientierung. Sie ist eine Führungshilfe für das Management und gibt den Einzelnen Orientierung. Mitarbeitende in Unternehmen mit einer starken Unternehmenskultur wissen, was von ihnen erwartet wird. Die Unternehmenskultur gibt ihnen Sicherheit in Entscheidungssituationen. Mit der Unternehmenskultur wird ein kommunikatives Verständigungspotenzial und damit die Basis für den Konsens in schwierigen Situationen geschaffen. Wer seine eigene Kultur kennt, kann sie in der täglichen Führungsarbeit gezielt einsetzen und damit eine sichtbare Wirkung erzielen.

Kultur ist eine harte Tatsache. Heute wird anerkannt, dass sich die Unternehmensführung nicht nur in der rationalen Dimension ausgeklügelter Planungs-, Steuerungs- und Kontrollsysteme abspielt, sondern dass auch die kulturellen Elemente die unternehmerische Effizienz prägen. Kulturelle Profilierung wird immer mehr als eigenständige Profilie-

Abb. 8.11 Zusammenspiel von harten und weichen Faktoren

rungsmöglichkeit erkannt. Ihr besonderer Wert liegt darin, dass sie nur schwer imitiert werden kann.

Das Beispiel von *Fusionen* verdeutlicht das Zusammenspiel von harten und weichen Faktoren. Grundsätzlich ist zwischen der Bewertungsphase vor dem Zusammenschluss und der Integrationsphase nach dem Zusammenschluss (Pre-Merger- und Post-Merger-Phase) sowie zwischen harten und weichen Faktoren zu unterscheiden (siehe Abb. 8.12).

Bei Zusammenschlüssen wird meist einseitig auf harte Faktoren abgestellt. In der Bewertungsphase stehen Finanzen, Märkte und Produkte im Vordergrund. Die personellen Themen spielen nur eine untergeordnete Rolle. Eine kulturelle und personelle Analyse erfolgt – wenn überhaupt – in der Regel unstrukturiert, undifferenziert und nicht in der nötigen Tiefe. Damit von einer echten Due Diligence gesprochen werden kann, muss den weichen Faktoren im Rahmen einer vertieften Analyse wesentlich größere Beachtung geschenkt werden.

In der Bewertungsphase stehen eine Kulturverträglichkeitsanalyse sowie eine Beurteilung der Personalrisiken und der Personalprozesse und -systeme im Vordergrund. Die Unternehmenskulturdiagnose fragt nicht nur nach prägenden Faktoren, Grundorientierungen und Subkulturen. Sie legt Widerstände, Unsicherheiten und Ängste offen und spricht die tieferen Dimensionen der Kultur (z. B. Werte, Spannungsfelder usw.) an. Sie beinhaltet außerdem Aussagen zu Veränderungsfähigkeit/Widerständen, Commitment, Machtstrukturen, Konflikten sowie Führungsverhalten. Resultat ist eine umfassende Charakterisie-

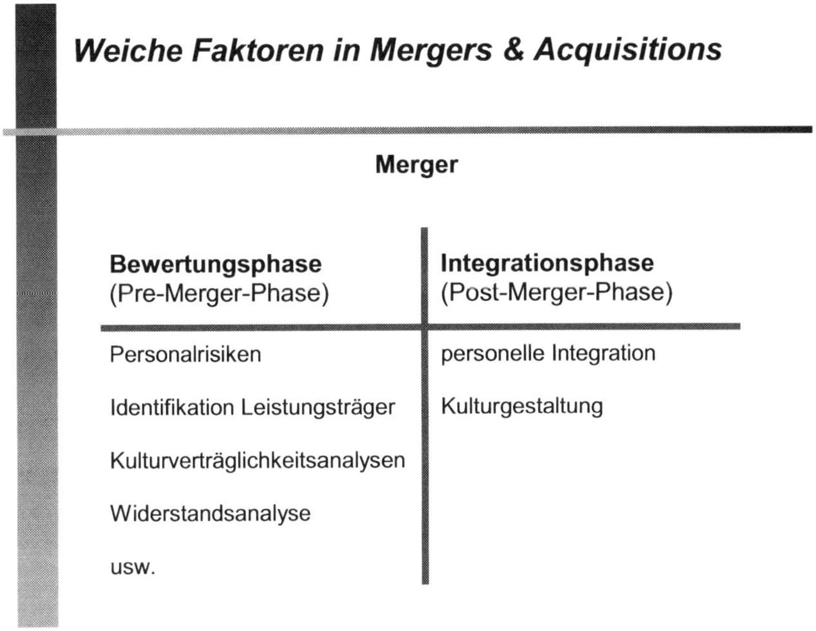

Weiche Faktoren in Mergers & Acquisitions

Merger

Bewertungsphase (Pre-Merger-Phase)	**Integrationsphase** (Post-Merger-Phase)
Personalrisiken	personelle Integration
Identifikation Leistungsträger	Kulturgestaltung
Kulturverträglichkeitsanalysen	
Widerstandsanalyse	
usw.	

Abb. 8.12 Weiche Faktoren in Mergers & Acquisitions

rung der beiden Unternehmenskulturen und ihrer Verträglichkeit. Synergien und Konflikt-potenziale werden aufgezeigt und Aussagen zu den zentralen Herausforderungen in der Integrationsphase formuliert. Eine Unternehmenskulturdiagnose kann eine objektivierte Grundlage für den Dialog schaffen und gegenseitig zu besserer Kenntnis und größerem Verständnis beitragen. Sie ermöglicht es, die Unterschiede der fusionierenden Organisa-tionen und die daraus resultierende Gefahren für die Kooperation und Integration zu er-kennen. Kulturelle Differenzen können als Erfolgsfaktoren genutzt werden, wenn versucht wird, aus den unterschiedlichen Kulturen zu lernen.

Jeder Zusammenschluss bricht kulturell Gewachsenes auf und verunsichert zunächst. Der soziale Kontrakt wird in Frage gestellt. Wenn Kultur und Werte achtlos über Bord ge-worfen werden, wird damit auch die Identifikation der Mitarbeitenden in Frage gestellt. Die Verunsicherung nimmt weiter zu, wenn immer wieder spürbar wird: „Schließlich ha-ben wir euch übernommen." Die Mitarbeitenden fühlen sich als bedeutungslose Rädchen, über die verfügt wird. Angst, Unsicherheit und Resignation, wirken lähmend. Das Unter-nehmen beschäftigt sich primär mit sich selbst. Innere oder reelle Kündigungen sind die Folge.

In der Integrationsphase geht es nicht um ein Kulturmanagement, sondern um ein kul-turbewusstes Management, das die folgenden Aspekte einbezieht:

- Grundlage sind Kenntnisse der eigenen Kultur und das Bewusstsein über die in Zukunft geforderte Kultur.
- Jede Organisation hat eine Kultur, es fragt sich nur, ob sie in Harmonie mit der Strategie steht.
- Eine stark ausgeprägte Kultur ist nicht an sich besser. Wenn sie nicht offen ist für neue Entwicklungen, kann sie zur Erstarrung beitragen. Die Unternehmenskultur sollte lebendig bleiben.
- Subkulturen sind nicht unbedingt negativ. Die Frage ist auch hier, wie viel „roter Faden" aus strategischer Sicht erwünscht ist.
- Eine einmal erreichte Kultur stellt keinen stabilen Wert dar. Es braucht kontinuierliche Anstrengungen, um sie zu erhalten.
- Unternehmenskultur ist nicht käuflich; sie muss beharrlich entwickelt werden. Sie kann in diesem Sinne nicht gemanagt, sondern nur vorgelebt und gelebt werden. Veränderungen einer Kultur sind langfristige Prozesse.

8.3.4 Flexibilität

Rasche Veränderungen zwingen Unternehmen und Mitarbeitende zu Flexibilität und ständiger Neuqualifizierung. Die Fähigkeit, auf der unternehmerischen und der individuellen Ebene flexibel zu reagieren, wird zu einer Kernfähigkeit, um im Wandel zu bestehen. Der größte Teil der arbeitenden Bevölkerung wünscht sich aber nicht Flexibilität und Mobilität, sondern Sicherheit und Verbindlichkeit. Der Mensch ist weder dafür geschaffen, sich ständig neuen Strukturen und Prozessen anzupassen, noch ein Nomadenleben zu führen. Während Unternehmen auf eine flexible Grundeinstellung ihrer Mitarbeitenden angewiesen sind, suchen die Mitarbeitenden Sicherheit. Unternehmen können von den Mitarbeitenden nur Flexibilität erwarten, wenn sie die Notwendigkeit des Wandels dartun können und die Mitarbeitenden Sicherheit und Vertrauen spüren. Die Balance zwischen Sicherheit und Flexibilität muss stimmen.

Flexibilisierung darf nicht nur eine Forderung an die Mitarbeitenden sein. Es braucht auch auf Seiten des Unternehmens vielfältige Initiativen in Form von flexiblen Rahmenbedingungen und präventiven Ansätzen, die darauf angelegt sind, die Mitarbeitenden von Anfang an flexibel zu halten. Die vielleicht wichtigste Maßnahme besteht darin, den Mitarbeitenden herausfordernde Aufgaben zu übertragen. Aufgabenfelder können verbreitert und Job Rotations intensiviert werden. Als unterstützende Maßnahme haben einzelne Unternehmen eine Beschränkung der Verweildauer in der Funktion eingeführt.

Die Flexibilität der Mitarbeitenden hängt von ihren Fähigkeiten, ihrer Bereitschaft zu Flexibilität und einem Umfeld, das Flexibilität ermöglicht, ab.

Am erfolgversprechendsten sind auf Seiten des Unternehmens präventive Ansätze, die in ihrem Kern darauf abzielen, funktionale, zeitliche, geografische und soziale Flexibilität bei den Mitarbeitenden zu erhöhen. Besonders die geografische Flexibilität, d. h. die Be-

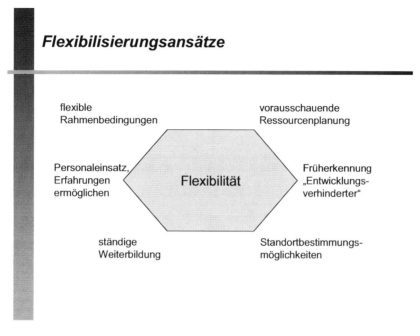

Abb. 8.13 Flexibilisierungsansätze

reitschaft, einen längeren Arbeitsweg oder einen Wohnortswechsel in Kauf zu nehmen, ist bei vielen Arbeitnehmern eingeschränkt und durch die Unternehmen wenig beeinflussbar.

Flexibilität ist früh im Lebenszyklus anzulegen. Die Mitarbeitenden sind von Anfang an flexibel zu halten. Flexibilität muss selbstverständlich und zum Kulturelement werden.

Abbildung 8.13 zeigt allgemeine unternehmensbezogene Flexibilisierungsansätze. Die Vielfalt der Ansätze macht die Musik.

- *Vorausschauende quantitative und qualitative Ressourcenplanung*: Gap-Analyse, Analyse der Mitarbeiterstruktur (demografische Analyse, Altersstrukturanalyse), quantitative und qualitative Personalplanung unter Einbezug der zukünftig erforderlichen Kompetenzen.
- *Früherkennung „Entwicklungsverhinderter"* erlaubt präventive Maßnahmen. Das Gespräch ist eine wichtige Grundlage, um Entwicklungsverhinderte frühzeitig zu erkennen.
- *Standortbestimmungsmöglichkeiten:* An der eigenen Entwicklung arbeiten ist erst dann möglich, wenn man sie auch kennt. Möglichkeiten sind Arbeitsmarkfähigkeitstests und Standortbestimmungsgespräche.
- *Ständige Weiterbildung:* (Kompetenzen breit fördern, Anpassungsfortbildungen und Umschulungen, Weiterbildungsbudget, über das die Mitarbeitenden frei verfügen können, großzügige Weiterbildungsprogramme). Je besser ausgebildet die Mitarbeitenden

sind, desto eher sind sie imstande, sich auf wechselnde Anforderungen einzustellen und neue Aufgaben zu übernehmen. Entscheidend sind weniger einzelne Qualifikationen als die sogenannten Metaqualifikationen wie z. B. Lern- und Kommunikationsfähigkeit.

*   *Personaleinsatz/neue Erfahrungen ermöglichen:* neue Herausforderungen, Förderung des internen Arbeitsmarktes, Beschränkung der Verweildauer in Funktion, Möglichkeiten zu Berufs- und Funktionswechsel, auch in späteren Berufsjahren, Übernahme einzelner neuer Aufgaben unter Beibehaltung der Funktion. Der vielleicht wichtigste Ansatz besteht darin, den Mitarbeitenden herausfordernde Aufgaben zu übertragen.
*   *Flexible Rahmenbedingungen:* flexible Arbeitszeitmodelle, Altersteilzeit, Job Sharing, Sabbaticals, gleitende Pensionierung. Um selbständig agieren zu können, brauchen die Mitarbeitenden flexible Rahmenbedingungen, also Freiräume und wenig einengende Strukturen, flache Hierarchien und möglichst wenig Vorschriften.

Gegenüber den Mitarbeitenden sind klare Botschaften wichtig, z. B.:

*   Es gibt keine Arbeitsplatzgarantie und keine lebenslange Stelle mehr. Alle werden in Zukunft im Laufe ihres Arbeitslebens verschiedene Berufe ausüben.
*   Jeder ist für seine eigene Entwicklung selbst verantwortlich.
*   Wer sich weiterbildet und flexibel bleibt, hat größere Chancen. Die Bereitschaft, sich immer wieder neuen Situationen auszusetzen, erhöht die eigene Arbeitsmarktfähigkeit.
*   Besitzstandsdenken ist überholt.

8.3.5   Arbeitsmarktfähigkeit

Unter Arbeitsmarktfähigkeit wird ein Bündel von Kompetenzen verstanden, die es den Mitarbeitenden erlauben, nicht nur ihre gegenwärtige Funktion optimal auszuüben, sondern auch neue Aufgaben in oder außerhalb des Unternehmens zu übernehmen. Die Mitarbeitenden sind so lernfähig und flexibel zu halten, dass sie auch für zukünftige und neue Aufgaben gerüstet sind. Dazu müssen sie ihrerseits durch lebenslanges eigenverantwortliches Lernen und Offenheit für neue Aufgaben beitragen.

Den ersten Schritt stellen die regelmäßige Auseinandersetzung mit den eigenen Kompetenzen und der kontinuierliche Ausbau der relevanten Kompetenzen als persönlicher Entwicklungsprozess dar. Zur Standortbestimmung kann ein Arbeitsmarktfähigkeitscheck, aus dem die Mitarbeitenden ein klares Selbstbild und Informationen zum Qualifizierungsbedarf gewinnen können, beitragen (siehe Abschn. 8.2).

In Deutschland ist die Selbst GmbH, eine Beschäftigungs- und Qualifizierungsinitiative zur Steigerung der Arbeitsmarktfähigkeit vor dem Hintergrund lanciert worden, dass sich im Unternehmen der Zukunft Inhalte und Anforderungen immer schneller verändern. Die Beschäftigten stehen unter hohem Anpassungsdruck und müssen sich gleichzeitig für neue Herausforderungen fit halten. Sie sollen zu Unternehmern ihrer eigenen Arbeitskraft werden, eben zu einer Selbst GmbH. Damit wird die Eigenverantwortung betont.

Arbeitsmarktfähigkeit verlangt nicht nur Wissen und Können, sondern auch die Bereitschaft, Verantwortung für die eigene Entwicklung zu übernehmen. Die Initiative ist mit einem Appell an die Unternehmen verbunden, ihre soziale Verantwortung wahrzunehmen und Modelle anzuwenden, die der Beschäftigungssicherung dienen.

8.3.6 Personalfreisetzung

Das Risiko eines Personalabbaus ist häufig das Ergebnis ungenügender vorausschauender Planung sowie mangelnder Qualifikation, Veränderungsbereitschaft oder Flexibilität der Mitarbeitenden. Auch die „überlebenden" Mitarbeitenden sind betroffen. Personalabbau führt bei den *verbliebenen Mitarbeitenden* zu sinkender Arbeitszufriedenheit und Motivation sowie Vertrauensverlust. Sie reagieren umso negativer, je ungerechter der Personalabbau empfunden wird. Nur zu oft kommt eine negative Spirale in Gang. Wenn aufgrund eines kurzfristigen Denkens bei den Mitarbeitenden gespart wird, registrieren diese sehr wohl ihren sinkenden Stellenwert und reagieren mit Verunsicherung, Absicherungstendenz und Besitzstandsdenken. Wichtige Leistungsträger, die für sich Alternativen sehen, verlassen das Unternehmen. Ideen und Kreativität versiegen. Die natürliche Demotivation nach Personalreduktionen ruft danach, sich intensiv um die Verbliebenen zu kümmern. Eine Personalreduktion ist teuer, aber unbezahlbar, wenn die verbleibenden Mitarbeitenden innerlich kündigen oder das Unternehmen verlassen. Den Unternehmen entstehen hohe direkte und indirekte Kosten. Die längerfristigen Risiken eines Stellenabbaus überwiegen oft den kurzfristigen Nutzen. Glaubwürdig ist nur ein Management, das auch in schwierigen Zeiten die Mitarbeitenden als wertvollste Ressource behandelt.

Dazu kommt oft ein gravierender *Imageverlust* bei Personalfreisetzungen. Die Reputation ist schneller zerstört als aufgebaut. Die Folgen sind einschneidend und wirken im Unternehmen lange nach. Das Bild, das sich Menschen am Arbeitsmarkt über das Unternehmen machen, bestimmt stark, wie gut es gelingt, qualifizierte Mitarbeitende anzuziehen. Die Imagekomponente wird unterschätzt.

Mit dem Weggang von Erfahrungsträgern ist auch ein *Know-how-Verlust* verbunden. Das Unternehmensgedächtnis geht verloren, was Störungen in den organisatorischen Prozessen zur Folge haben kann. In diesem Zusammenhang ist schon von „Corporate Alzheimer" gesprochen worden. Entlassungen und ständige Reorganisationen können beträchtliches Vertrauenspotenzial vernichten.

Im Grunde kann zwischen Vermeidungs- und Milderungsstrategien unterschieden werden. Vermeidungsstrategien sind präventive Ansätze wie z. B. Früherkennung (siehe Abschn. 3.4), strategische Personalplanung (siehe Abschn. 6.3) und frühzeitige Flexibilisierung (siehe Abschn. 8.3). Wenn immer möglich sollten solche Ansätze im Vordergrund stehen.

Eigentliche *Personalfreisetzungen* sollten die Ultima Ratio darstellen und bei einer vorausschauenden HR-Politik meist vermeidbar bleiben. Entlassungen kosten zu viel Vertrauen, Motivation und Identifikation. Sie sind nur zu rechtfertigen, wenn sie längerfristig irreversibel sind.

Wenn Personalfreisetzungen unumgänglich sind, stehen meist reaktive Ansätze im Vordergrund. Der Vorrang sollte den aktiven Ansätzen gegeben werden.

Reaktive Ansätze

Erfahrungsgemäß konzentrieren sich die personalpolitischen Maßnahmen gewöhnlich zuerst auf schnell wirkende materieller Lösungen, wie Einstellstopp, Kurzarbeit, Ausnützen der natürlichen Fluktuation und Vorruhestandsregelungen.

Vorruhestandsregelungen sind eine beliebte, aber oft zu kostspielige Möglichkeit. Aufgrund von Vorruhestandsregelungen ist der Anteil der über 60-jährigen Mitarbeitenden immer kleiner geworden. Die hohen Kosten wurden häufig ausgeblendet. Sie führen neuerdings zu einer spürbaren Zurückhaltung. Außerdem wird den Unternehmen mehr und mehr der Know-how-Verlust bewusst. Für die Mitarbeitenden stehen bei Vorruhestandsregelungen ein Gewinn an Freiheit und neuen Entfaltungsmöglichkeiten dem Verlust von sozialem Kontakt und des beruflichen Selbstwertes gegenüber.

Die konkreten *Entlassungsbedingungen* basieren meist auf Sozialplänen, die Abgangsentschädigung, Entgegenkommen bei Kündigungsfristen, Betriebswohnungen, Darlehen, Hilfsangebote bei der Stellensuche und zum Teil ist individuelles Outplacements festgelegen. Weil jede Abweichung von der Generalregel erklärungsbedürftig ist, wird oft sehr schematisch vorgegangen. Undifferenziert angewandte Abbaumaßnahmen werden weder den Erwartungen der Mitarbeitenden gerecht, noch entsprechen sie den Bedürfnissen des Unternehmens. Für die einzelnen Mitarbeitenden sind Entlassungen immer Einzelschicksale, denen das Unternehmen nur mit individualisierten Lösungen gerecht werden kann. In individuellen Härtefällen sollten zusätzliche Leistungen möglich sein.

Aktive Ansätze

Unternehmen wie Deutsche Bank, Commerzbank, Swisscom oder die Schweizerische Post haben eine ganze Palette von Maßnahmen zum Ausgleich von personellen Überkapazitäten und zur Beschäftigungssicherung entwickelt. Dabei standen folgende Ansätze im Vordergrund:

- *Intensive Beratung:* Unterstützung zur persönlichen und organisatorischen Bewältigung von Veränderungen.
- *Interne Versetzungen:* Zuweilen bestehen Versetzungsmöglichkeiten in andere Abteilungen oder in Tochterfirmen. Oft mangelt es an der nötigen Transparenz, die über eine Stellenbörse oder einen internen Stellennachweis aktiv gefördert werden könnte.
- Eine zweite Laufbahn mit neuen Herausforderungen, d. h. von Zeit zu Zeit mit realistischen Zielen die Weichen neu zu stellen, sollte zunehmend normal werden. Das HRM kann aktiv beraten und unterstützen. Standards, wonach periodisch für jeden Mitarbeitenden die Versetzungsmöglichkeiten überprüft werden, können dazu beitragen, dass

interne Versetzungen zur Selbstverständlichkeit werden und die Mitarbeitenden dadurch flexibel bleiben.

- *Umschulungs- und Förderungsmaßnahmen:* Wenn der Bedarf frühzeitig erkannt wird, kann mit Umschulungen und internen Fördermöglichkeiten der Übergang in eine neue Funktion ermöglicht oder erleichtert werden.

- *Neue Aufgaben schaffen:* Die Frage stellt sich, ob es statt Entlassungen nicht innovative Möglichkeiten gibt, um die Stärken der betroffenen Mitarbeitenden anderweitig zu nutzen. Alte Projektwünsche, die aus Kapazitätsgründen nie realisiert wurden, können abgearbeitet oder ausgelagerte Leistungen wieder zurückgeholt werden (Insourcing).

- *Interne Beratungsfirma:* Das Industrieunternehmen ABB hat eine interne Beratungsfirma gegründet, die viele Nachahmer gefunden hat (Deutsche Bank, Schindler usw.). ABB wollte damit einen Beitrag zur Verjüngung der leitenden Führungskräfte leisten, die Erfahrungen der älteren Mitarbeitenden sinnvoll nutzen und die Übertrittsphase in den Ruhestand flexibilisieren. Das Ausscheiden aus der Linienfunktion mit 60 Jahren wurde für obere Führungskräfte obligatorisch erklärt. Sie können zwischen einer Vorruhestandsregelung mit relativ geringen Einbußen und dem Eintritt in das firmeneigene Consulting-Unternehmen wählen. Garantiert werden 60 % der ehemaligen Entlohnung.

- *Transferorganisation zur vorübergehenden Weiterbeschäftigung:* Verschiedene Unternehmen haben mit externen Personalvermittlern Auffanggesellschaften gegründet. Die Mitarbeitenden, die sonst entlassen werden müssten, werden befristet oder unbefristet und mit oder ohne Übernahmegarantie zu einem reduzierten Entgelt übernommen. Sie treten in eine Transferorganisation ein, beziehen ein festes Entgelt und erhalten Hilfen, um sich beruflich und persönlich neu zu orientieren. In der Zwischenzeit leisten sie temporäre Einsätze. Cisco schickt solche Mitarbeitende vorerst für ein Jahr in eine soziale Einrichtung, mit der Option zurückzukehren. Gehalt und Firmenvorteile werden während dieser Zeit weiter bezahlt.

- *Gleitender Übergang in den Ruhestand:* Die Starrheit eines einheitlichen Ruhestandsalters vermag dem unterschiedlichen individuellen Leistungsvermögen nicht gerecht zu werden und wird heute aus gesundheitlicher und psychologischer Sicht als falsch angesehen. Um einen Pensionierungsschock zu vermeiden, sollte vermehrt die Möglichkeit eines gleitenden Überganges geprüft werden. Damit wird ermöglicht, ab einem bestimmten Alter das Arbeitspensum stufenweise abzubauen. Gewissen organisatorischen und finanziellen Problemen stehen gewichtige Vorteile gegenüber: Der Übergang in den Ruhestand kann harmonischer gestaltet werden. Es gibt weniger vorzeitige Pensionierungen aus gesundheitlichen Gründen. Im Vergleich zu einer Vorruhestandsregelung sind die finanziellen Konsequenzen besser verkraftbar. Trotz der offensichtlichen Vorteile gibt es bisher wenig Beispiele von gleitenden Pensionierungen.

- *Teilzeitarbeit* kann ebenfalls ein schnell einsetzbarer und wirksamer Ansatz gegen Arbeitslosigkeit und Personalkostendruck sein. Nach einer Studie von McKinsey ist jeder vierte Arbeitsplatz grundsätzlich teilbar und die Erfahrungen mit Teilzeit durchaus positiv. Den ökonomischen Vorteilen (bessere Leistung, tiefere Absenzquote) steht ein zusätzlicher Organisationsaufwand gegenüber. Der Anteil der Teilzeitbeschäftigten ist in Europa langsam aber kontinuierlich gewachsen. Individualisierung aus Sicht der Mitarbeitenden und Flexibilisierung aus Sicht des Arbeitgebers liegen im Trend und können beiden Seiten Vorteile bringen. Die Arbeitgeber können davon profitieren, dass die individuelle Leistungsfähigkeit steigt und Auftragsschwankungen aufgefangen werden können. Für Personalbetreuung und Infrastruktur fallen umgekehrt Mehrkosten an. Der Umsetzung flexibler Teilzeitmodelle stehen aber traditionelle Arbeitsweisen und Abläufe sowie grundsätzliche Vorbehalte der Mitarbeitenden gegenüber.

- *Arbeitszeitverkürzung:* Die Akzeptanz von Arbeitszeitverkürzungen ist erfahrungsgemäß umso größer, je bedrohlicher die Alternative eines Abbaus droht. Arbeitszeitverkürzung (zum Beispiel auf 80 %) bei entsprechender Lohnreduktion ist für viele nicht ohne weiteres verkraftbar, um so mehr, als die Kürzung nicht zu gering ausfallen darf, weil sonst nur eine Arbeitsverdichtung resultiert, ohne dass neue Stellen geschaffen werden.

- *Job sharing/Job splitting:* Beim Job sharing oder -splitting handelt es sich um die Aufteilung eines Vollzeitarbeitsplatzes auf zwei oder mehr Personen, die die Verantwortung gemeinsam tragen. Meist besteht auch eine Vertretungs- und eine gleichzeitige Kündigungspflicht.

- *Sabbaticals:* An Hochschulen haben Sabbaticals eine lange Tradition, in Unternehmen stellen sie eher die Ausnahme dar. Gerade in einer schnelllebigen Zeit könnten Sabbaticals zu einer breiter praktizierten Lösung werden. Ihr Sinn liegt in der Möglichkeit, Abstand von der Alltagsarbeit nehmen zu können und in einer echten Erholungsphase neue Kraft zu tanken oder sich möglicherweise neu auszurichten. Ein Versicherungsunternehmen gewährt einmal im Arbeitsleben (frühestens nach 15 Jahren) einen bezahlten Urlaub von drei Monaten und die Möglichkeit einer Verlängerung um weitere drei Monate auf eigene Rechnung. Eine Bank versteht darunter eine obligatorische und bezahlte Arbeitspause von mindestens 40 zusammenhängenden Arbeitstagen. Nach jeweils zehn Dienstjahren sollen Direktionsmitglieder ein Sabbatical beziehen. Dabei steht es ihnen frei, welche Ziele sie während des Sabbaticals verfolgen. Verlangt wird einzig, dass sie sich inhaltlich sorgfältig darauf vorbereiten. Nach einem weiteren Modell steht jedem Mitarbeitenden das Recht zu, zwischen dem 55. Altersjahr und dem Erreichen des normalen Ruhestandsalters mehrere Urlaube bis zu insgesamt maximal zwölf Monaten zu beziehen. Der Lohnausfall wird je zur Hälfte von Arbeitgeber und Arbeitnehmer getragen. Voraussetzung sind mindestens zehn Dienstjahre.

Motivations- oder Leistungsrisiko (Zurückgehaltene Leistung von Mitarbeitenden) 9

9.1 Identifizieren

Schlecht motivierte Mitarbeitende, die innerlich gekündigt haben oder ausgebrannt sind, stellen ein Motivationsrisiko dar. Beispiele von zurückgehaltener Leistung von Mitarbeitenden sind auch ältere Mitarbeitende, denen keine Herausforderungen mehr gegeben werden, oder Mitarbeitende, die aus gesundheitlichen oder anderen Gründen der Arbeit fernbleiben. Ausmaß und Kosten solcher Motivationsrisiken werden stark unterschätzt. Mangelndes Commitment und ungesunde Arbeitsatmosphäre schlagen sich sehr direkt auf den Unternehmenserfolg nieder.

Im Folgenden werden im Rahmen der Motivationsrisiken mangelndes Commitment, innere Kündigung, fehlendes Zutrauen, vor allem gegenüber älteren Mitarbeitenden und Gesundheitsrisiken (Absentismus usw.) näher betrachtet.

9.1.1 Mangelndes Commitment

Kein Unternehmen kann es sich leisten, dass seine Mitarbeitenden keine volle Leistung erbringen. Während Kostensenkungsmaßnahmen meist schon ausgereizt sind, bestehen häufig noch ungenutzte Leistungspotenziale. Schätzungen gehen davon aus, dass bis zu einem Drittel der Leistungskapazitäten den Unternehmen vorenthalten werden. Gallup erhebt seit 2001 die Stärke emotionaler Bindung der Arbeitnehmer. Die Ergebnisse sind ernüchternd. Demnach verspüren in Deutschland 87 % der Mitarbeitenden gegenüber ihrem Arbeitgeber keine echte Verpflichtung.

Außergewöhnliche Leistungen erbringt immer nur ein kleiner Teil der Mitarbeitenden. Die übrigen können, wollen oder dürfen sich nicht voll einsetzen. Ungenutzte Leistungspotenziale bestehen außerdem bei unterforderten Mitarbeitenden.

J.-M. Kobi, *Personalrisikomanagement*, DOI 10.1007/978-3-8349-4210-4_9,
© Springer Fachmedien Wiesbaden 2012

9.1.2 Innere Kündigung

Wenn ein Viertel der Mitarbeitenden innerlich gekündigt haben und mindestens einen Teil ihres Leistungsbeitrages zurückhalten, hat das einen großen Einfluss auf die Produktivität. Frustrierte und innerlich gekündigte Mitarbeitende schaden dem Unternehmen auf vielfältige Weise. Die Folgen für den einzelnen sind Unzufriedenheit und Lustlosigkeit bis hin zu körperlichen Beschwerden. Für das Unternehmen resultieren fehlendes Engagement und die Gefahr, dass andere Mitarbeitende angesteckt werden. Durch innere Kündigung werden Innovation und Qualität blockiert. Sie wirkt sich aber auch finanziell aus. Kein Unternehmen kann sich Mitarbeitende leisten, die innerlich gekündigt haben. Volkswirtschaftlich gesehen liegt ein großes menschliches Potenzial brach.

9.1.3 Burnout/Ausbrennen

Burnout ist ein Zustand der Erschöpfung, der durch Raubbau an den eigenen Kräften und durch enttäuschte Erwartungen entsteht. Energie und Engagement gehen durch fortschreitende Desillusionierung schrittweise verloren. Ausbrennen ist ein schleichender Prozess, auch wenn der Zusammenbruch zuweilen plötzlich erfolgt. Aus einer Sinnkrise entsteht eine Gesundheitskrise.

Burnout wird schon lange in Lehr- und Sozialberufen thematisiert, aber auch andere Berufsgruppen können ausbrennen, z. B. junge Führungskräfte mit hohen Ansprüchen, die schon in jungen Jahren in verantwortungsvolle Positionen aufsteigen, sich übermäßig verausgaben und unter Druck und Alltagsenttäuschungen resignieren.

Der erhöhte Arbeitsdruck verbunden mit der Tatsache, dass Positionen mit großer Verantwortung heute früher erreicht werden, dürfte gerade bei den Besten längerfristig zu Verschleißerscheinungen führen. Für die Personalpolitik stellt sich die Frage, wie dem Ausbrennen von Mitarbeitenden präventiv entgegengewirkt werden kann. Gerade bei erfolgreichen und anspruchsvollen Persönlichkeiten besteht die Gefahr des Ausbrennens, wenn sie ihre Ziele nicht erreichen können.

Gemäß SECO (Schweizer Staatssekretariat für Wirtschaft) sind 4 % der Erwerbstätigen von Burnout betroffen und weitere 21 % sind gefährdet.

9.1.4 Unterschätzte ältere Mitarbeitende

Aufgrund der demographischen Entwicklung werden die älteren Mitarbeitenden in Zukunft ein weit größeres Segment als heute darstellen. Gleichzeitig wird es zu wenig gut qualifizierte Leute geben, welche die geforderten Erfahrungen mitbringen. Unternehmen sind schlecht darauf vorbereitet, Mitarbeitende bis zur ordentlichen Pensionierung flexibel und leistungsfähig zu halten. Eine Personalpolitik zur Entwicklung und Motivation älterer Mitarbeitender drängt sich deshalb auf.

Interessanterweise nehmen nur ca. 15 % der über 50-Jährigen an Weiterbildungen teil.

9.1.5 Absentismus

Die jährliche durchschnittliche Absenzdauer von Arbeitnehmern beträgt in der Schweiz 9,5 Tage, davon 6,5 Tage krankheitsbedingt (Bundesamt für Statistik, 2006). In Deutschland fehlen die Arbeitnehmer durchschnittlich 3 Wochen im Jahr wegen Krankheit, Kur oder Unfall. Daraus entstehen nicht nur Kosten (Entgeltfortzahlung, zusätzliche Überstunden, sinkende Produktivität, Zusatzaufwand für Vorgesetzten, Beschäftigung zusätzlicher Arbeitskräfte), sondern auch Störungen der Abläufe. Je nach Funktion ist mit Aufwendungen von 200–800 € pro Tag zu rechnen. Aufgrund unternehmensbezogener Absenzzahlen lässt sich leicht errechnen, was Absentismus kostet.

9.2 Messen und überwachen

9.2.1 Commitmentindikator aus Mitarbeiterbefragung

Zur Ermittlung des Commitments können in Mitarbeiterbefragungen spezifische Fragen gestellt und zu einem Commitmentindex zusammengefasst werden (siehe Beispiel Abb. 9.1).

9.2.2 Anzeichen innerer Kündigung

Ausmaß und Kosten innerer Kündigung werden massiv unterschätzt. Wenn die Zahl der innerlich Gekündigten nur um wenige Prozente gesenkt werden kann, resultieren in größeren Unternehmen rasch Einsparungen in Millionenhöhe, selbst wenn die negative Ausstrahlung der innerlich Gekündigten auf die anderen Mitarbeitenden nicht mitberücksichtigt wird. Gemäß einer einfachen Rechnung ergaben sich in einem Unternehmen mit 4000 Mitarbeitenden und bei 24 % innerlich Gekündigten unter bestimmten Annahmen (Durchschnittslohn von 80.000 €; 25 % zurückgehaltene Leistung) Einsparmöglichkeiten von rund 3 Mio. € bei einer Senkung der Zahl der innerlich Gekündigten um nur 4 %. Wenn sich also 4 % der Mitarbeitenden mehr engagieren, entspricht dies ungefähr 1 % der Lohnsumme.

Das Ausmaß der inneren Kündigung kann am einfachsten im Rahmen der *Mitarbeitergespräche* eruiert werden. Voraussetzung ist allerdings, dass die Vorgesetzten auf die Problematik hin sensibilisiert sind und entsprechende Anzeichen wahrnehmen können. Auf eine innere Kündigung hindeuten können:

- Fehlende Eigeninitiative, sinkende Leistungsbereitschaft
- Überangepasstes Verhalten, Ja-Sager
- Vermeiden von Auseinandersetzungen
- Fehlende Kritik

	stimmt völlig	stimmt weitgehend	stimmt teilweise	stimmt eher nicht	stimmt überhaupt nicht
	5	4	3	2	1
Ich identifiziere mich mit der geschäftspolitischen Ausrichtung des Unternehmens.	❏	❏	❏	❏	❏
Ich kenne die Werte unseres Unternehmens.	❏	❏	❏	❏	❏
Die Geschäftsleitung geniesst mein Vertrauen.	❏	❏	❏	❏	❏
Strategische Ziele werden konsequent umgesetzt.	❏	❏	❏	❏	❏
Das Unternehmen hat ein positives Image am Markt.	❏	❏	❏	❏	❏
In unserem Unternehmen spüren die Mitarbeitenden Wertschätzung.	❏	❏	❏	❏	❏
Das Unternehmen kann zuversichtlich in die Zukunft blicken.	❏	❏	❏	❏	❏
Ich würde mich heute wieder für dieses Unternehmen entscheiden.	❏	❏	❏	❏	❏
Ich würde einem guten Bekannten empfehlen, sich für eine Stelle bei uns zu bewerben.	❏	❏	❏	❏	❏
Ich fühle mich mit dem Unternehmen verbunden.	❏	❏	❏	❏	❏
Ich habe herausfordernde Aufgaben.	❏	❏	❏	❏	❏
In meinem Aufgabenbereich verfüge ich über die notwendigen Handlungs- und Entscheidungsspielräume, um eigenverantwortlich zu handeln.	❏	❏	❏	❏	❏
Ich engagiere mich überdurchschnittlich für meine Aufgaben.	❏	❏	❏	❏	❏
Für meine Aus- und Weiterbildung fühle ich mich selbst verantwortlich.	❏	❏	❏	❏	❏
Meine Arbeit gibt mir das Gefühl, etwas geleistet zu haben.	❏	❏	❏	❏	❏

Abb. 9.1 Fragen zum Commitment

- Drängen auf wenig anspruchsvolle Ziele
- Unausgeschöpfte Kompetenzen
- Versiegender Humor.

Kandidaten für innere Kündigung sind primär die fixiert Unzufriedenen und die resignativ Zufriedenen (siehe Abb. 7.4). Die konstruktiv Unzufriedenen werden entweder interne Verbesserungsmöglichkeiten suchen oder kündigen.

Zusammenfassung Risikoereignisse und Messgrößen zum Motivationsrisiko	
Risikoereignis	Messgrößen
Leistungsminderung: Vertrauensverlust tiefes Commitment geringe MA-Produktivität ungenügende Leistungs- und Zielorientierung unterforderte MA	MA-Produktivitätsquote (K) Wertschöpfung/EBIT pro MA (K) Commitmentindex (I) Index Leistungsbereitschaft (I) Kenntnis Unternehmensziele durch MA (I)
innerlich Gekündigte/Burnout: viele innerlich Gekündigte MA mit Burnout	Anteil innerlich Gekündigte (K)
Diversity: keine Programme zur Aufrechterhaltung der Leistungsfähigkeit älterer Mitarbeitender fehlende Frauen- und Familienförderung kein Generationenmanagement	Anzahl Frauen in verschiedenen Führungsstufen (K) Anteil Weiterbildung ältere MA (K) Entwicklung Pensionierungsalter (K) Maßnahmen zur Erhaltung der Leistungsfähigkeit älterer MA (S)
Absenzen: hohe Absenzrate fehlendes Absenzmanagement ungenügende Gesundheitsprävention	Vorhandensein Absenzmanagement (S) Entwicklung Absenzquote (ohne Langzeitabsenzen) (K) Anteil MA mit hoher Überstundenzahl (K) Umfang Gesundheitsförderung (S)

9.3   Steuern

9.3.1   Präventive Maßnahmen im Zentrum

Die Bedeutung für das Unternehmen rechtfertigt es, Commitment, innere Kündigung, Ausbrennen und die Problematik der älteren Mitarbeitenden sowie Absenzen in der Führungsschulung zu thematisieren und die Führungskräfte dafür zu sensibilisieren. Viele Führungskräfte schrecken davor zurück, mit ihren Mitarbeitenden solche Themen offen anzusprechen, zum Teil weil sie nicht über die für solche Gespräche erforderlichen Fähigkeiten verfügen. Diese Kenntnisse zu vermitteln ist eine Aufgabe der Führungsschulung. Es braucht eine bewusste Auseinandersetzung mit der Thematik.

Mitarbeitergespräche stellen die wichtigste präventive Maßnahme dar und ihr Nutzen für Mitarbeitende und Vorgesetzte ist vielfältig:

- Bessere Kenntnis des Mitarbeitenden mit seinen Wünschen und Problemen: Manchmal ist es erschütternd, wie wenig Vorgesetzte von ihren Mitarbeitenden wissen.
- Frühwarnfunktion zur Erkennung von innerer Kündigung und Burnout: Wenn Entwicklungsverhinderte frühzeitig erkannt und beraten werden, sind die Chancen am größten.

- Hinweise auf Arbeitsklima, Verunsicherungen, Verbesserungsmöglichkeiten und Führungsverhalten.

9.3.2 Commitment und Arbeitszufriedenheit

Commitment ist die innere emotionale Verbundenheit oder die positive psychologische Bindung an das Unternehmen. In weitem Sinne verstandenes Commitment umfasst die Identifikation mit den Zielen und Werten des Unternehmens, mit den eigenen Aufgaben, aber auch die Leistungs- und Veränderungsbereitschaft.

Neuere Untersuchungen zeigen, dass das Commitment stärker als die Arbeitszufriedenheit das relevante Verhalten der Mitarbeitenden bestimmt. Commitment lässt eine validere Prognose zu, als die Arbeitszufriedenheit, die stark vom Anspruchsniveau abhängig ist. Der resigniert Zufriedene hat einfach sein Anspruchsniveau gesenkt.

Das Commitment hat eine zukunftsorientiertere Dimension als die Arbeitszufriedenheit und kann als Früherkennungsindikator für Leistung, Personalrisiken, aber auch für die Kundenorientierung und letztlich den Erfolg des Unternehmens bezeichnet werden. Der Vergleich zwischen Commitment und Arbeitszufriedenheit lässt interessante Rückschlüsse zu. Wenn das Commitment höher ist, als die Zufriedenheit, bestehen Reserven. Risiken liegen vor, wenn die Zufriedenheitswerte zwar noch hoch sind, aber das Commitment tief.

Die erfolgreichsten Unternehmen sind diejenigen, die Voraussetzungen schaffen, damit ihre Mitarbeitenden leistungsbereit bleiben und sich mit dem Unternehmen identifizieren. Neben dem offenen Gespräch zwischen Vorgesetzten und Mitarbeitenden können neue Herausforderungen Wunder wirken. Nicht selten leben Mitarbeitende mit geringem Commitment einer neuen Umgebung oder mit neuen Herausforderungen wieder auf. Eng mit dem Commitment verbunden sind natürlich auch Führungsqualität, Lernmöglichkeiten und mitarbeiterbezogene Rahmenbedingungen.

9.3.3 Innere Kündigung

Innere Kündigung ist der bewusste oder unbewusste Verzicht auf Eigeninitiative und Engagement eines Mitarbeitenden oder die stille, mentale Verweigerung engagierter Leistung. Wer innerlich gekündigt hat, tut seine Arbeit, aber nicht mehr. Etwas pointiert ausgedrückt ist die innere Kündigung der Entschluss, das Unternehmen nicht mehr zu verlassen.

Die Ursachen der inneren Kündigung sind beim Unternehmen, im Arbeitsumfeld (Führung, Team), in der Arbeit selbst oder beim Individuum zu suchen. Beeinflussbar sind vor allem die Ursachen, die beim Unternehmen liegen, zum Beispiel wenn schneller Wandel die Mitarbeitenden überfordert, eine bürokratische Organisation hemmt, klare Ziele oder Unternehmenserfolge fehlen oder Unternehmenskultur, Betriebsklima und Arbeitsbedingungen nicht stimmen. Wenn das Unternehmen seine Glaubwürdigkeit gegenüber den Mitarbeitenden verliert, ist die innere Kündigung nahe.

Häufig steht innere Kündigung im Zusammenhang mit Führung (autoritärer Führungs-stil, mangelndes Vertrauen, nicht ernst genommen werden, mangelnde Gesprächs- und Diskussionsbereitschaft, ungenügende Information und Kommunikation, geringer Ent-scheidungsspielraum, wenig Betreuung/Unterstützung, wenig Anerkennung) und dem unmittelbaren Arbeitsumfeld. In der Arbeit selbst begründet ist die innere Kündigung, wenn die Arbeit zu wenig interessant oder herausfordernd, extrem spezialisiert oder re-petitiv ist. Auch unklare Ziele, fehlende Selbständigkeit, lange Entscheidungswege und fehlende berufliche Perspektiven können zu innerer Kündigung führen.

Eher beim Individuum angesiedelt und für das Unternehmen weniger beeinflussbar sind körperliche/intellektuelle Überforderung oder einschneidende private Schwierigkei-ten, die ins Berufsleben ausstrahlen.

9.3.4 Burnout/Ausbrennen

Der innerlich Gekündigte will nicht mehr. Der Mitarbeitende mit Burnout kann nicht mehr. Burnout ist ein Zustand der Erschöpfung, der durch Raubbau an den eigenen Kräf-ten und durch nicht erfüllte Erwartungen entsteht. Aus einer Werte- und Sinnkrise wird eine Gesundheitskrise. Wer ausbrennt, hat vorher gebrannt. Burnout trifft oft diejenigen, die zu viel von sich selbst erwarten.

Die Unternehmen verdrängen das Phänomen oft lange, weil sie mindestens in einer frühen Phase davon profitieren.

Ausbrennen folgt vier Phasen (siehe Abb. 9.2).

Je früher Burnout erkannt wird, desto besser kann Gegensteuer gegeben werden. Prä-ventive Maßnahmen können sein:

- Dauerüberforderung vermeiden; Überstunden beschränken; Ferienbezug sicherstellen
- Unternehmerisches Umfeld verbessern
- Gesundheitsmanagement
- Sabbaticals
- Stärkung des Vertrauens in eigene Möglichkeiten.

9.3.5 Ältere Mitarbeitende

Es ist eine Zeiterscheinung, dass rüstige noch nicht 60-Jährige in den Vorruhestand ge-schickt werden. Was das menschlich für viele der Betroffenen bedeutet und welches schwer ersetzbare Erfahrungswissen dadurch verlorengeht, wird kaum bedacht. Die Herausforde-rung dürfte in Zukunft darin bestehen, die Leistungsfähigkeit der älteren Mitarbeiter bis zum ordentlichen Rentenalter zu erhalten. In der älteren Generation liegt oft ein großes nicht voll ausgeschöpftes Potenzial. Die Defizittheorie, wonach ältere Mitarbeiter nur be-schränkt lern- und entwicklungsfähig sind, ist ein Vorurteil, das entschieden zu bekämpfen

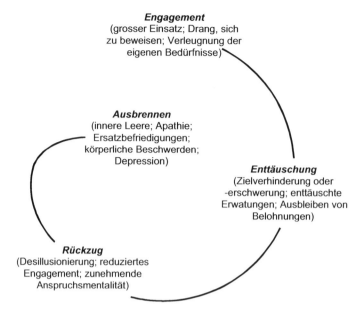

Abb. 9.2 Burnout/Ausbrennen

ist. Ältere Mitarbeitende haben nicht weniger, sondern andere Fähigkeiten. Wird ihnen Entwicklungsfähigkeit abgesprochen, wird das zu einer sich selbst erfüllenden Prophezeiung. Sie nehmen die Erwartungen an sich selbst zurück. Wenn die älteren Mitarbeitenden unterschätzt werden unterschätzen sie sich irgendwann selbst.

Konventionelle Lösungen, wie z. B. vorzeitige Pensionierungen, erweisen sich zunehmend als zu teuer. Langfristig betrachtet muss der Akzent auf präventiven Lösungen liegen, welche auf die Entwicklung, Erhaltung und Motivation der Mitarbeitenden ausgerichtet sind. Konkrete Maßnahmenansätze sind:

- Vorurteil, ab 45 seien Mitarbeitende nicht mehr entwicklungsfähig, bekämpfen; Werbung für mehr Toleranz und Akzeptanz gegenüber älteren Mitarbeitenden.
- Job rotation auch in älteren Jahren aktiv betreiben; Weniger das Alter ist ein problematischer Faktor, als ein langes Verbleiben in der gleichen Funktion.
- Keine Altersgrenze für Aus- und Weiterbildung.
- Flexible Rahmenbedingungen, eventuell reduzierte Arbeitszeit.
- Gesundheitsvorsorge.
- Altersdurchmischte Projektgruppen.
- Gleitende Pensionierung: Eine gleitende Pensionierung ist ein schrittweiser Ausstieg aus dem Erwerbsleben über eine längere Periode (z. B. in drei Schritten). Damit können individuelle Bedürfnisse berücksichtigt und ein Kündigungsschock vermieden werden (siehe Abschn. 8.3).

9.3.6   Absenzenprophylaxe

Die Ursachen von Fehlzeiten sind mannigfaltig. Sie können auf betriebliche, aber auch persönliche oder gesellschaftliche Ursachen zurückgeführt werden. Dementsprechend sind sie auch mehr oder weniger beeinflussbar.

Erfahrungsgemäß kann ein professionelles Absenzmanagement Einsparungen von 20–30 % bringen. Als Maßnahmenansätze stehen im Vordergrund:

- Analyse der Absenzen
- Ganzheitliches Konzept zur nachhaltigen Reduktion von Absenzen
- Rückkehrgespräche
- Gutes Arbeitsklima
- Gesundheitsförderung (Gesundheitsvorsorge, Arbeitssicherheit, Fitnessprogramme, Stressmanagement)
- Führungsqualität
- Flexible Rahmenbedingungen (flexible Arbeitszeit, Jokertage, Arbeitsgestaltung und Arbeitsorganisation usw.)
- Schulung der Vorgesetzten.

Integritätsrisiko

10

10.1 Identifizieren

Richtigerweise wird das Grundmodell der Personalrisiken immer wieder unternehmensspezifisch angepasst. Vor allem Banken haben häufig das Integritätsrisiko eingefügt.

Integritätsrisiken bestehen bei Mitarbeitenden, die nicht integer sind und damit dem Unternehmen schweren Schaden zufügen können. Unzufriedene und frustrierte Mitarbeitende haben neben verminderter Produktivität viele Möglichkeiten, dem Unternehmen zu schaden.

Zu den Integritätsrisiken gehören z. B. Wirtschaftsdelikte, Datendiebstahl, unsorgfältiger Umgang mit vertraulichen Unterlagen usw. Gemäß einer Studie von Pricewaterhousecoopers waren in den letzten zwei Jahren zwei Drittel aller Unternehmen von Wirtschaftsdelikten betroffen. Die Dunkelziffer ist groß, umso mehr als viele Fälle außergerichtlich gelöst werden. Durch die Weitergabe von Kundendaten entstand beispielsweise dem liechtensteinischen Bankenplatz massiver Imageschaden.

Besonders brisant ist es, wenn Mitarbeitende große Summen verspekulieren, wie UBS, Société Générale und Sumitomo Trading schmerzlich erfahren mussten.

10.2 Messen und überwachen

Integritätsrisiken sind relativ selten, die Möglichkeit eines großen Schadens ist aber erheblich. Aus einer Mitarbeiterbefragung können wichtige Hinweise zu Commitment, Vertrauen und Arbeitsklima und damit zu den Integritätsrisiken gewonnen werden.

J.-M. Kobi, *Personalrisikomanagement*, DOI 10.1007/978-3-8349-4210-4_10,
© Springer Fachmedien Wiesbaden 2012

Zusammenfassung Risikoereignisse und Messgrößen Integritätsrisiko	
Risikoereignis	Messgrößen
Verstöße gegen gesetzliche oder interne Regelungen (Vermögensdelikte, Betrug, Diebstahl, Korruption, Insidergeschäfte, Annahme von Geschenken usw.) Unsorgfältiger Umgang mit vertraulichen Unterlagen	Anzahl Verstöße gegen Regelungen (K) Unbedenklichkeitsbescheinigungen Vorgesetzte (S) Vertrauensindex (I)
physische Beeinträchtigungen am Arbeitsplatz (sexuelle Belästigungen, Mobbing usw.)	Anzahl Fälle physischer Beeinträchtigungen am Arbeitsplatz (K)

10.3   Steuern

Bisherige Integritätsrisiko-Ansätze gingen von einem traditionellen Compliance-Verständnis aus. Es ging primär um Verstöße gegen Normen (Befolgung von Gesetzen und vertraglichen Vorschriften) sowie die Einhaltung von internen und externen Regeln. Als Hauptrisiken wurden demnach gesehen:

- Wirtschaftskriminalität: Betrug, Korruption, Datendiebstahl usw.
- Verstöße gegen Vorschriften: Insiderdelikte, unautorisierte Geschäfte, unsorgfältige Aufbewahrung von vertraulichen/sensiblen Informationen usw.
- Verletzung der arbeitsvertraglichen Treuepflicht
- Fälle von Mobbing, sexueller Belästigung, Diskriminierung

Inzwischen wird Compliance zunehmend umfassender verstanden, nämlich nicht nur im Sinne der Einhaltung von Recht und Verträgen, sondern auch ihres Sinn und Geistes. Damit wird die Einstellung der Mitarbeitenden entscheidend.

Die Integrität wird von der persönlichen Situation (Möglichkeit und Grund haben, z. B. Frustration, Schulden), Umfeld und Führung (Führungsfehler, fehlende Entwicklungsmöglichkeiten, ungerechtfertigter Druck usw.) sowie Unternehmenskultur und Werten (Diskrepanz zwischen Unternehmenswerten und persönlichen Werten) beeinflusst. Die Wurzeln des Integritätsrisikos sind oft Unzufriedenheit mit dem Unternehmen und dem direkten Vorgesetzten. Der Wertezerfall nährt die Frustration der Mitarbeitenden und senkt die Schwelle zur kriminellen Handlung.

Fehlende soziale Werte im Unternehmen, permanente Restrukturierungen und Entlassungen mindern die Integrität der Mitarbeitenden gegenüber dem Unternehmen, nähren ihre Frustration und fördern unternehmensschädigende Handlungen. Mitarbeitende, die von ihrem Arbeitgeber Wertschätzung erfahren, haben mehr Skrupel diesen zu schädigen.

Mangelnde Integrität einzelner Mitarbeitender ist nicht einfach zu erkennen. Meist sind es emotional labile, frustrierte oder unzufriedene Mitarbeitende, die Unregelmässigkeiten rechtfertigen und für normal halten.

Während die persönlichen Faktoren schwer oder nur bei der Anstellung zu beeinflussen sind, bestehen bei Führungsqualität und Arbeitsbedingungen gute Einwirkungsmöglichkeiten. Als beste Vorkehren gegenüber Missbräuchen gelten eine sorgfältige Rekrutierung von Personal und Schulungen.

Bei der Prävention von Wirtschaftskriminalität setzen die meisten Unternehmen einseitig auf Regeln und Kontrollen sowie organisatorisch/technische Maßnahmen. Das ist notwendig, aber nicht ausreichend. Mit Technik und Kontrollen allein lassen sich Integritätsrisiken nicht vermeiden. Die wirksamsten Präventionsmaßnahmen sind kultureller Art. Integrität hat ihre Wurzeln in einer gelebten Unternehmenskultur. Vertrauen, Mitarbeiterorientierung und Führungsqualität vermindern die Integritätsrisiken. Unternehmen, die langfristig verantwortungsbewusst und respektvoll mit ihren Mitarbeitenden umgehen, sind weniger mit solchen Risiken konfrontiert.

Die Führungskräfte sind zu sensibilisieren und Führungsqualität einzufordern. Flankierend kann eine vertiefte Prüfung kritischer Personengruppen bei der Einstellung und teilweise zusätzlich periodisch, sinnvoll sein.

Im Vordergrund stehen folgende steuernden Maßnahmen:

- Code of Conduct
- Entschlossenes Handeln, auch in Bagatellfällen
- Vertrauensklima
- Commitment der Mitarbeitenden
- Führungsqualität
- Sensibilisierung der Mitarbeitenden
- Früherkennung von Frustrierten
- Beschränkte Zugriffsmöglichkeiten.

Die Mitarbeitenden sollten unternehmensintern Ansprechpartner haben, an die sie sich im Verdachtsfall wenden können.

Führungsrisiken

11

11.1 Identifizieren

Wer nach den tieferen Ursachen von Personalrisiken fragt, stößt immer wieder auf die Führungsqualität, die somit ihrerseits sozusagen ein übergeordnetes Risiko darstellt, das in die anderen Risikofelder eingreift. Die Hebelwirkung der Führungsqualität ist groß.

Die Führungskräfte leisten die unmittelbare Personalarbeit. Umsetzung der HR-Strategie, Auswahl, Führung und Entwicklung der Mitarbeitenden sowie konsequente Handhabung der Personalinstrumente und -systeme liegen primär in ihrer Hand. Sinn, Spaß und Spielraum kann nur in der täglichen Führungsarbeit vermittelt werden. Entscheidend ist, was die Führungskräfte beachten, kontrollieren und belohnen. Niemand hat auf das Lernvermögen und die Entwicklung der Mitarbeitenden einen größeren Einfluss, als die direkten Vorgesetzten. Sie sind auch ein Hauptgrund, warum Mitarbeitende im Unternehmen bleiben oder gehen. Führung bewirkt oder verhindert unternehmerische Leistung und Qualität. Soziale Kompetenz der Führungskräfte und Unternehmenserfolg gehen Hand in Hand. Markterfolge sind Führungserfolge. Die meisten Personalrisiken stehen in Zusammenhang mit der Führungsqualität.

Die Führungsaufgabe ist durch schnellen Wandel, Projektarbeit, Teilzeitarbeit und hohe Mitarbeitererwartungen anspruchsvoller geworden. Von den Führungskräften wird in Zukunft eine höhere Führungsqualität erwartet. Fachliche Führung genügt nicht mehr.

Die Diskrepanz zwischen propagiertem und gelebtem Führungsstil ist allerdings nicht zu übersehen. Viele Leitbildaussagen und Führungsgrundsätze bleiben Lippenbekenntnisse. Über Führungsmängel wird großzügig hinweggesehen, obwohl sie der häufigste Demotivationsfaktor für die Mitarbeitenden sind. Für die Führungsaufgaben bleibt zu wenig Zeit und sie werden zu wenig ernst genommen. Führung hat einen geringen Stellenwert. Sie erfordert mehr Engagement und Professionalität. Das ruft nach einem Quantensprung in der Führungsqualität, die in Zukunft verstärkt gemessen und belohnt werden sollte.

J.-M. Kobi, *Personalrisikomanagement*, DOI 10.1007/978-3-8349-4210-4_11,
© Springer Fachmedien Wiesbaden 2012

Checkfragen zur Führungsqualität

- Spürt man im Unternehmen eine hohe Wertschätzung der Mitarbeitenden?
- Besteht ein gegenseitiges Vertrauensverhältnis zwischen Führungskräften und Mitarbeitenden?
- Investieren die Führungskräfte genügend Zeit und Engagement in die Mitarbeitenden?
- Wie wird man im Unternehmen zur Führungskraft? Wird besonderer Wert auf die soziale Kompetenz der Führungskräfte gelegt? Was tun die Führungskräfte für die Entwicklung ihrer Führungskompetenz?
- Werden gemeinsame Ziele und Standards mit den Mitarbeitenden vereinbart, die als Messlatte dienen können?
- Wird ein Führungsstil gepflegt, der Eigenständigkeit und Selbständigkeit fördert? Wie viel Freiheit und Eigenständigkeit wird den Mitarbeitenden gewährt?
- Gibt es klare Werte im Management, die auch umgesetzt werden?
- Erhalten die Mitarbeitenden hilfreiche Feedbacks und Anerkennung?

11.2   Messen und überwachen

In der Regel werden die Führungskräfte durch ihre Vorgesetzten beurteilt. Vorgesetztenfeedback durch die Mitarbeitenden, 360 Grad-Beurteilung oder Fragen zur Führung in einer Mitarbeiterbefragung, die zu einem Führungsindex verdichtet werden können, sind hingegen seltener.

Vorgesetztenbeurteilungen werden wichtiger, funktionieren aber nur bei entsprechender Vertrauenskultur. Möglichkeiten, um die Führungsqualität ganzheitlich zu messen, sind Kennzahlen, Indikatoren aus Befragungen und die Beurteilung von Standards.

Kennzahlen, wie Krankheitsquote oder Fluktuationsrate, werden zwar nicht allein von den Führungskräften beeinflusst, sie haben aber einen maßgebenden Anteil, der die Berücksichtigung solcher Kennzahlen rechtfertigt. Führungsstandards können die Verbindlichkeit erhöhen und zusammen mit klaren Führungsprofilen die Messung des Führungserfolges erleichtern. Schließlich geben auch Fragen in Mitarbeiterbefragungen Hinweise auf Führungsqualität und Commitment. Abbildung 11.1 zeigt mögliche Messgrößen zur Führungsqualität.

Wie weit Führungsqualität lohnwirksam sein soll, wird kontrovers diskutiert. Sicher wird das Instrument ernster genommen, wenn die Ergebnisse Konsequenzen haben.

Führungsqualität messen (Beispiel)

Kennzahlen:	Krankheitsquote	6	
	Fluktuationsrate	6	
	Personalentwicklungstage pro MA	6	
	Anteil interne Besetzungen	6	**24**
Befragung:	Index Führungsqualität	14	
	Commitment-Index	14	**28**
Ziele:			**24**
Standards:	Umsetzungsmassnahmen Mitarbeiterbefragung	8	
	100%ige Durchführung Zielvereinbarungen + Mitarbeitergespräche	8	
	3 Tage für Entwicklung Führungskompetenz	8	**24**

Abb. 11.1 Führungsqualität messen (Beispiel)

Zusammenfassung Risikoereignisse und Messgrößen zum Führungsrisiko	
Risikoereignis	Messgrößen
ungenügende Führungsqualität: mangelnde Wertschätzung der MA motivationshemmendes Führungsverhalten keine Messung Führungsqualität	Index Führungsqualität (I) Vertrauensindex (I)
ungenügende Führungskräfteentwicklung	Anzahl Führungskräfteentwicklungstage pro Führungskraft (K)

11.3 Steuern

Investitionen in eine Führungskultur und in die Führungsqualität bringen eine hohe Rendite.

Ein Versicherungsunternehmen hat seine Führungsgrundsätze wie folgt veranschaulicht (siehe Abb. 11.2).

Zentrale Elemente der Führung sind Vertrauen, Freiraum und Wertschätzung. Wenn die Mitarbeitenden zudem ermutigt werden, Neuland zu betreten und aus Erfahrungen zu lernen, resultieren am ehesten Empowerment, Sinn und Spaß bei der Arbeit.

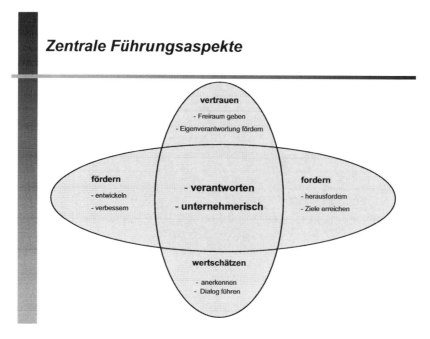

Abb. 11.2 Zentrale Führungsaspekte

11.3.1 Führungstechnik und Führungskultur

Führung ist nicht nur eine Frage der Führungstechnik. Rein fachliche Führung und gute Führungsinstrumente genügen immer weniger. Darüber hinaus sind Führungskultur und soziale Kompetenz unerlässlich. Auch in der Führung geht es nicht um ein Entweder-oder, sondern um ein Sowohl-als-auch. Führungstechnik ohne Führungskultur bleibt ebenso Stückwerk wie Führungskultur, die sich nicht auf eine solide Führungstechnik stützen kann. Weder Führungskräfte ohne Mitarbeiterorientierung noch mitarbeiterorientierte Führungskräfte ohne Leistungsanspruch sind auf Dauer erfolgreich. Hightech verlangt High touch. Führung ist primär eine Frage der Haltung und der Führungskultur. Sie wurzelt in einem Menschenbild und in Werten.

Welcher Führungsstil effektiv ist, hängt von den Personen, den Aufgaben und dem Umfeld ab. Für unterschiedliche Situationen und Kontexte können unterschiedliche Führungsstile angemessen sein. Die besten Führungskräfte sind in der Lage, mehrere Führungsstile anzuwenden und dabei authentisch zu bleiben. Welcher Stil auch immer gepflegt wird, entscheidend ist, dass er zur Person passt.

Die wesentlichen Grundhaltungen von Führungskräften sind:

- Zuerst muss man *führen wollen*. Das ist gerade bei guten Fachkräften, die zu Führungskräften gemacht worden sind, nicht selbstverständlich.

- Man muss *Menschen mögen* und die Mitarbeitenden auch in schwierigen Zeiten als wertvollste Ressource betrachten. Menschenführung setzt echtes Interesse an den Mitarbeitenden und eine Grundhaltung von Respekt und Wertschätzung voraus. Wertschöpfung beginnt mit Wertschätzung.
- Je mehr der Chef erwartet, desto mehr leisten die Mitarbeitenden. Die Mitarbeitenden möchten, dass ihre Führungskräfte die Richtung vorgeben, ihnen aber auch genügend Bewegungsfreiheit geben, um diese Ziele selbständig zu erreichen.
- Es lohnt sich, die Mitarbeitenden *als leistungsbereit und engagiert* zu *betrachten*: „Wenn wir die Menschen sehen, wie sie sind, machen wir sie schlechter, wenn wir sie behandeln als wären sie, was sie sein sollten, bringen wir sie dahin, wohin sie zu bringen sind" (nach Goethe). Statt von Schwächen ist von Stärken und Potenzialen auszugehen.
- Mitarbeitende sind deutlich besser, wenn man ihnen ein Gefühl der *Anerkennung* vermitteln kann.
- Persönliches *Commitment und Engagement* reißt mit: Die Mitarbeitenden spüren sehr wohl, ob ihre Vorgesetzten authentisch, integer, verlässlich, geradlinig, ehrlich, respektvoll und engagiert sind. Die ideale Führungskraft gleicht dem konfuzianischen „Edlen", der versucht, fair und mit Menschlichkeit zu führen, die Extreme meidet und als Vorbild wirkt. *Glaubwürdigkeit* und Transparenz sind die Voraussetzungen für Vertrauen auf der zwischenmenschlichen Ebene.

11.3.2 Vertrauen und Freiraum

Die Bereitschaft, *Vertrauen* zu *schenken* löst eine positive Spirale aus. Der Mensch hat, wie eine Rose, unendlich viele schlafende Augen, die geweckt werden können. In der Selbstmotivation liegt viel Kraft und Energie. An die Stelle enger Regeln, Misstrauen und Kontrollen sollten mündige Menschen, Vertrauen und Autonomie treten. Die Kosten von Misstrauen sind zu hoch.

Wer mehr Freiraum gibt, erntet mehr Eigeninitiative. Wenn die Mitarbeitenden darin unterstützt werden, ihre Ziele selbständig zu erreichen und sie auch Rückhalt spüren, resultiert daraus ein größeres Engagement. Autonomie setzt die Kräfte der Selbstorganisation und Selbstentwicklung frei. Konsequente Ermutigung und Unterstützung von Selbstmotivation vermögen viel. Bezeichnend ist, dass in der Freizeit, zum Beispiel in Fastnachtsvereinigungen, die Arbeitsintensität ein Mehrfaches der Berufsarbeit erreichen kann. Die Initiative des Einzelnen wird kaum je beschnitten. Es gibt keine Instanzenwege, sondern nur eine sehr informelle Hierarchie, die meist durch Können bestimmt wird. Innerhalb der Vereinigung bestehen zudem ein elitäres Wir-Gefühl und ein ausgesprochenes Wettbewerbsdenken gegenüber konkurrierenden Gruppen. Jedes Mitglied fühlt sich persönlich verantwortlich.

Freiraum ist die Quelle des Spaßes an der Arbeit. Höchstleistungen werden primär in Situationen von Freiheit und Herausforderung erbracht. Handlungsspielraum geben heißt, die Aufgaben und den Entscheidungsspielraum im Rahmen der Leitplanken vergrößern

Abb. 11.3 Freiraum innerhalb
breiter Leitplanken

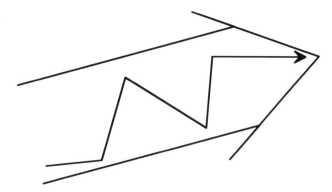

und auf überflüssige Vorschriften und einengende Pflichtenhefte verzichten, oder auch, Verantwortung an die tiefstmögliche Stelle zu delegieren. Unterstützend wirken können auch kurze Entscheidungswege und ganzheitliche Aufgaben (Denken und Tun, Planung und Durchführung in einer Hand) und Möglichkeiten für lebenslanges Lernen.

Anspruchsvolle Mitarbeitende wollen nicht zu eng geführt werden. Der Gegensatz zwischen Freiraum und unternehmerischer Führung kann in dem Sinne aufgelöst werden, dass klare Werte im Sinne von Leitplanken vorgegeben werden, die aber möglichst weiten Spielraum für flexible Lösungen und eigenverantwortliches Handeln lassen (siehe Abb. 11.3).

Das Geheimnis liegt darin, den Mitarbeitenden Freiraum zu geben und gleichzeitig Eigeninitiative von ihnen zu verlangen.

Leistung setzt Können (Potenzial), Wollen (Motivation) und Dürfen (Erlaubnis) voraus. Das Können bekommt durch das Wollen und das Dürfen je eine neue Dimension. Der Beitrag des Vorgesetzten liegt primär im Zulassen und in der Beseitigung von Hindernissen als Voraussetzung des Wollens.

Einseitiges Fordern und Übertragen von Verantwortung kann Mitarbeitende auch überfordern. Diese Gefahr scheint heute besonders ausgeprägt. Fordern und Fördern müssen in einem Gleichgewicht stehen.

11.3.3 Experimentieren und reflektieren

Lernen geschieht durch Handeln und durch das Erlebnis von Erfolg und Misserfolg. Menschen lernen einerseits rational, über den Kopf, aber wahrscheinlich häufiger durch try and error (siehe auch Abschn. 8.3). In turbulenten Zeiten gewinnt das experimentelle Management an Bedeutung. Wer die Lösung nicht kennt, muss *experimentieren*. Veränderungsmanagement heißt, bei den Mitarbeitenden die Bereitschaft wecken, etwas anders zu sehen, vertraute Arbeitsweisen aufzugeben und sich mit Neuem anzufreunden.

Einsicht allein ist gewöhnlich kein ausreichendes Motiv für Veränderung. In diesem Sinne stellt die Möglichkeit, widersprüchliche Erfahrungen zu machen, eine Grundbe-

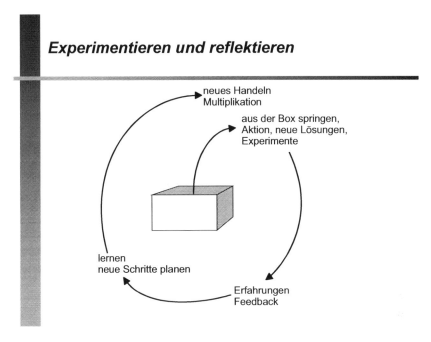

Abb. 11.4 Experimentieren und reflektieren

dingung des Wandels dar. Bewusstseinsveränderungen werden in der direkten Ausein-andersetzung mit konkreten Problemen möglich. Manchmal müssen die Mitarbeitenden motiviert werden, Neues auszuprobieren, damit sie dann aufgrund ihrer Erfahrung bereit sind, alte Haltungen aufzugeben. „Wenn man den Geschmack der Birne erfahren will, muss man sie essen." Reflektiertes Handeln kann zu einer Bewusstseinsänderung führen. Experimente ermöglichen und schwierige Aufgaben übertragen verlangt Vertrauen. Vertrauen ist die Vorbedingung, damit Mitarbeitende es wagen, Neuland zu betreten.

Wandel braucht ein Umfeld, das Experimente zulässt und dazu ermutigt. Experimentieren heißt, aus der Box der Gewohnheiten heraustreten, ausprobieren, rasch aus Fehlern lernen und das, was sich bewährt, multiplizieren (siehe Abb. 11.4).

Die Möglichkeiten zu experimentellem Denken sind vielfältig:

- Bewusst Ungewohntes tun; etwas demonstrativ anders angehen; eine neue „Brille" aufsetzen
- Querdenker, Hofnarren unterstützen
- Advocatus Diaboli bezeichnen
- Gegenteiligen Standpunkt einnehmen
- Gedankenexperimente eingehen
- „Spinnerklub" gründen
- Mitarbeitende immer wieder mit neuen Aufgaben konfrontieren

- Generell Flexibilität fördern
- Auch nicht offizielle Projekte unterstützen (Bei 3M soll jeder Mitarbeitende 15 % seiner Zeit für Verbesserungen einsetzen.)
- Mitarbeitenden ermöglichen, zu einem gewissen Prozentsatz für Dritte tätig zu sein
- Outdoor-Programme, die der Auseinandersetzung mit Neuem, Ungewohntem dienen, usw.

Jeder Prozess bedarf, wenn gelernt werden soll, der *Reflexion*. Wem es gelingt, gelegentlich inne zu halten und das eigene Handeln zu hinterfragen, kann Routinen durchbrechen. Sich der eigenen Motive und Antriebe bewusst zu werden heißt, nach getaner Arbeit bewusst Distanz zu nehmen und sozusagen vom „Feldherrenhügel" herab überlegen, was wie abgelaufen ist. Die Möglichkeiten zur Reflexion sind vielfältig:

- Reviews an strategischen Meilensteinen: Was funktioniert im Unternehmen gut? Was macht unser Verhalten erfolgreich? Aus welchen Gründen hatten wir in diesem Fall Erfolg?
- Modelllernen, gute Beispiele erkennen und multiplizieren
- „Post mortem" nach Projekten.

11.3.4 Kommunikation

Während Information meistens einseitig und primär auf der Sachebene erfolgt, handelt es sich bei der Kommunikation um einen Austausch mit Rückkoppelung. Ein Dialog schließlich beruht auf der Gleichheit der Partner und bezieht die zwischenmenschliche Ebene mit ein.

Die Mitarbeitenden brauchen Grund-, Arbeits- und Hintergrundinformationen. Am häufigsten fehlt die Hintergrundinformation. Ohne sie ist aber nicht gewährleistet, dass die Mitarbeitenden in Übereinstimmung mit den Unternehmenszielen denken und handeln.

Leitbilder oder Veränderungsprojekte formulieren ist einfacher, als sie gegenüber den Mitarbeitenden sinnvoll zu kommunizieren. Wie vermittelt man grundlegende Werte im Unternehmen? Wie bringt man Mitarbeitende dazu, sich mit dem Unternehmen zu identifizieren?

Wir müssen wieder lernen, ebenso gut mit Menschen zu kommunizieren wie Maschinen zu bedienen. Das heißt, zuerst einmal die Kommunikationsbedürfnisse wahrnehmen, die Meinung anderer anhören und sie ernst nehmen. Der Chef, der nur am Pult sitzt und sich Computerzahlen vorlegen lässt, reagiert immer zu spät. Nur im direkten Kontakt mit den Mitarbeitenden und Kunden hört er das Wesentliche. Die Kunst der Kommunikation besteht darin, die Bedeutung von Ereignissen klarzumachen und sie vor einen Hintergrund zu stellen, über das eigene Handeln laut nachzudenken und eine gemeinsame Sprache zu schaffen.

Jede Kommunikation läuft auf der Sach- und der Beziehungsebene ab. Dabei sind der emotionale Anteil und das, was sich auf der Beziehungsebene abspielt (Werte, Gefühle, Erwartungen, Vertrauen usw.), weit wichtiger. Kommunikation wird primär emotional und subjektiv wahrgenommen. Die eigene Subjektivität und diejenige des Empfängers sollten in Rechnung gestellt werden. Kommunizieren heisst vorerst einmal zuhören und Sensibilität für den Empfänger entwickeln.

Der kulturbewusste Manager schafft eine gemeinsame Sprache und kommuniziert verbal und emotional. Er ist für die Mitarbeitenden sichtbar und hörbar, verstärkt oder schwächt ab, statuiert Exempel, vermittelt Erfolgserlebnisse. Oft sind die kleinen, alltäglichen Aussagen und Zeichen wichtig.

11.3.5   Sinn, Spaß, Spielraum

Auf einen einfachen Nenner gebracht muss Arbeit sinnvoll sein, Spaß machen und Spielraum geben.

Wer Leistung fordert, muss *Sinn* bieten. Wer Sinn sieht, ist gewillt, gute Leistungen zu erbringen. Sinn zeigt den Menschen den größeren Zusammenhang auf. Das Image des Unternehmens oder die „gute Sache", für die das Unternehmen steht, können Sinn vermitteln. Wer einbezogen wird, Einfluss nehmen und sich persönlich entwickeln kann, sieht den Sinn der Arbeit. Konstruktives Feedback und Anerkennung machen ihn zusätzlich deutlich.

Sinn vermitteln heißt:

*   Antworten auf Sinnfragen finden und „laut" über den Sinn und die Bedeutung von Handlungen nachdenken
*   Situationen erklären und Zusammenhänge aufzeigen, die Ereignisse vor einen Hintergrund stellen und Informationen offen auf den Tisch legen
*   Die Aufgaben ganzheitlich gestalten
*   Die Mitarbeitenden am Erfolg Anteil haben lassen.

Goretex hat den Leitspruch „To make money and to have fun" formuliert. Im Zeitalter der Erlebniswelten wollen die Mitarbeitenden auch am Arbeitsplatz *Spaß* haben. Dazu können eine unkomplizierte, persönliche Atmosphäre (Unternehmen als Gemeinschaft, Teamgeist, Plauschveranstaltungen, Humor usw.), ein lockerer Führungsstil, persönliche Zuwendung, Dialog, Partnerschaft, abwechslungsreiche, herausfordernde Aufgaben, Erfolge, die auch gefeiert werden, spontane Anerkennung und Möglichkeiten, Neues zu erproben, beitragen.

Voraussetzung für *Spielraum* sind Vertrauen und offene Strukturen/Systeme (wenig Hierarchie, Weisungen, Reglements, keine einengenden Pflichtenhefte). Spielraum geben kann bedeuten, Aufgaben und Entscheidungen auf die tiefstmögliche Ebene zu delegieren, auf ein breites Aufgabenspektrum hinzuwirken (wenig Spezialisierung, Job Enrichment,

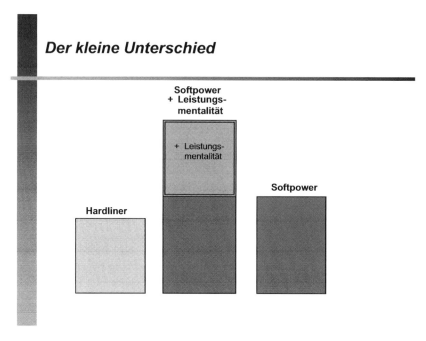

Abb. 11.5 Der kleine Unterschied

Job Enlargement) und Wahlmöglichkeiten (Arbeitszeit-Souveränität, Cafeteria-Systeme) anzubieten.

Zukünftige Führung weist die Richtung und ist gleichzeitig partizipativ. Sie verbindet klare Orientierung und Führung mit schnellem und situationsgerechtem Handeln sowie Freiraum und Eigenverantwortung. Erfolgreich ist weder der Hardliner, noch der Softpower, sondern derjenige, der Softpower und Leistungsmentalität zu verbinden weiß (siehe Abb. 11.5).

Führungsschulung/Beratung und Coaching
Personalentwicklung und Führungsschulung wurden bereits angesprochen (siehe Abschn. 8.3). Die Frage ist nicht, welches Seminar ein Mitarbeitender noch besuchen sollte, sondern welche Erfahrungen ihm noch vermittelt werden können.

Beratung/Coaching für Führungskräfte
Eine zentrale Aufgabe des HRM ist die Beratung und Unterstützung der Führungskräfte. Wie im Sport ist auch im Unternehmen der Erfolg das Ziel des Coaching. Führungskräfte und Mitarbeitende sollen in der Bewältigung von Veränderungsprozessen begleitet und an bessere Arbeitsergebnisse herangeführt werden. Coaching ist Hilfe zur Selbsthilfe. Es ist eine begleitende, herausfordernde und unterstützende Funktion, die in kurzer Zeit anhaltende Veränderungen bewirken soll.

Anlässe für ein Einzelcoaching können der Einstieg in eine neue Funktion, die Bewältigung einer besonders herausfordernden Situation oder eine heikle Führungsaufgabe sein. Teamcoaching kommt zum Beispiel zugunsten autonomer Arbeitsgruppen und zur Entwicklung von Projektteams in Frage. Um Transformationscoaching geht es bei größerem Wandel oder beim Umgang mit Widerständen. In Lerngruppen findet gegenseitiges Coaching statt.

Gegenüber dem Coaching bestehen in den deutschsprachigen Ländern Vorbehalte. Der Beizug eines Coaches wird vielfach als Eingeständnis eines Versagens aufgefasst. Wenn sich nicht auch das Management mit einbezieht, hat es das Coaching im Unternehmen schwer, und ohne eine Kultur, die die Mitarbeiterpotenziale unterstützt, bleiben Coachingansätze Stückwerk.

Risiken im HRM 12

Das HRM selbst kann ein Risiko darstellen. Gleichzeitig hat es einen wichtigen Beitrag zur Vermeidung von Personalrisiken zu leisten.

12.1 Identifizieren

Die Schwerpunkte der Risiken im HRM sind aus Abb. 12.1 ersichtlich.

12.1.1 Zu wenig strategisch und werteorientiert

- Die HR-Strategie wird oft zu sehr aus funktionsspezifischer Sicht formuliert. Umgekehrt werden die HR-Fragen bei der Entwicklung der Unternehmensstrategie zu wenig berücksichtigt.
- Der kurzfristige finanzielle und der langfristige personelle Entwicklungsrhythmus behindern sich immer häufiger. Da Investitionen in das Humanvermögen naturgemäß längerfristig angelegt sind, drohen sie unter die Räder zu geraten.
- Teilweise sind die Instrumente und Systeme zu wenig auf Strategie und Kultur ausgerichtet.
- Risiken und Chancen werden nicht frühzeitig genug erkannt.
- Einseitige Businessorientierung. Das soziale Kapital wird gegenwärtig aufs Spiel gesetzt. Wenn die Balance im Sinne eines harmonischen Ausgleichs zwischen Arbeitgeber- und Arbeitnehmerleistung nicht mehr stimmt, führt das zu weniger Loyalität und Identifikation und zu mehr Fluktuation, zumindest wenn der Arbeitsmarkt Wechsel zulässt (siehe Kap. 13).

J.-M. Kobi, *Personalrisikomanagement*, DOI 10.1007/978-3-8349-4210-4_12,
© Springer Fachmedien Wiesbaden 2012

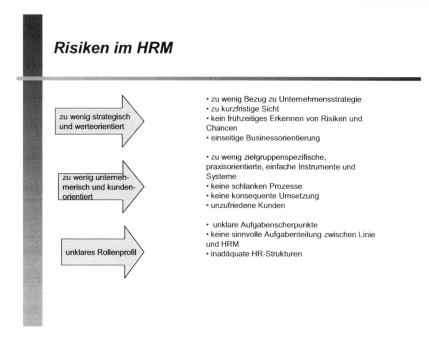

Abb. 12.1 Risiken im HRM

- Analysten und Aktionären wird in Zukunft ein gesteigertes Jahresergebnis nicht mehr genügen. Sie werden fragen, ob es auf verantwortliche Weise entstanden ist und welche Werte im Unternehmen gelebt werden.

12.1.2   Zu wenig unternehmerisch und kundenorientiert

- Zu wenig zielgruppenorientierte und individualisierte Instrumente und Systeme: Einzelne Mitarbeitergruppen und auch Bereiche im Unternehmen verlangen zunehmend eine differenzierte Personalpolitik und unterschiedliche Systeme und Konzepte, während bisher alle Mitarbeitenden möglichst gleich behandelt wurden.
- Zu komplizierte Instrumente und Systeme: Wie kann die zunehmende Komplexität mit einfachen Systemen pragmatisch eingefangen werden?
- Keine schlanken Prozesse: Teilweise fehlt ein Denken in Prozessen.
- Zu wenig konsequente Umsetzung: Das Personalcontrolling ist zu wenig handlungsorientiert.
- Fehlende Professionalität und wirtschaftliche Kompetenz: Das HRM versteht zu wenig vom Geschäft. Vom HRM ist zunehmend eine konsequente betriebswirtschaftliche Sicht gefordert.
- Unzufriedener Kunde.

12.1.3   Unklares Rollenbild

Die Risiken im HRM nehmen tendenziell zu, wenn die falschen Schwerpunkte gesetzt werden oder mehr verwaltet als gestaltet wird. Die administrativen Belange dürfen deutlich weniger Zeit beanspruchen, damit für das Strategische und das Konzeptionelle mehr Zeit zur Verfügung steht. Standardisierung, Automatisierung, Self Services, Shared Services und Outsourcing sind also zu diskutieren.

Bevor die HR-Arbeit zunehmend einer Fachstelle übertragen wurde, zählten die Personalaufgaben zu den Kernaufgaben der Führungskräfte. Heute nehmen der HR-Bereich durchschnittlich 57 %, Management und Führungskräfte 38 % und externe Dienstleister den Rest dieser Aufgaben wahr. Die Aufgabenteilung zwischen Linie und HRM muss neu diskutiert werden.

12.1.4   Fragen

*   Ist die Personalpolitik auf die Unternehmensstrategie abgestimmt?
*   Leistet das HRM einen wichtigen Beitrag zum Unternehmenserfolg?
*   Gibt es in allen wichtigen Bereichen hochentwickelte Personalinstrumente?
*   Welchen Nutzen bringen die einzelnen Instrumente und Systeme?
*   Gibt es ein Personalcontrolling, das strategisch und qualitativ ausgerichtet ist und einen konkreten Handlungsbedarf aufzeigt?
*   Werden in der HR-Arbeit die richtigen Schwerpunkte gesetzt? Wird die Ressourcenzuordnung periodisch überprüft?
*   Welches ist der Stand der HR-Arbeit als Ganzes (Beratungslevel, Kundezufriedenheit usw.)?
*   Wird die Effizienz der HR-Organisation periodisch überprüft (Verrechnung von Leistungen, Outsourcing usw.)?
*   Wie sind die Personalaufgaben zwischen Fachbereich und Linie aufgeteilt?

12.2   Messen und überwachen

Bei der Umsetzung der Personalstrategie kann eine SWOT-Analyse (Analyse Stärken/ Schwächen und Chancen/Risiken) wertvolle Dienste leisten.

Wie die Kundenzufriedenheit in den meisten Unternehmen schon lange gemessen wird, muss auch der Grad der *Serviceorientierung* von Dienstleistungsabteilungen, wie das HRM, bei den internen Kunden erfragt werden. Das HRM muss sich in Zukunft vermehrt beurteilen lassen. Dazu das Beispiel einer Kundenbefragung zum HRM (siehe Abb. 12.2).

In ähnlicher Weise kann nach der Zufriedenheit der Kunden mit Instrumenten und Systemen des HRM gefragt werden.

Inwieweit treffen die folgenden Aussagen auf den Personalbereich zu?

	stimmt völlig	stimmt eher	weder noch	stimmt eher nicht	stimmt überhaupt nicht
	1	2	3	4	5
Das Leistungsspektrum des HRM ist mir gut bekannt.	❑	❑	❑	❑	❑
Ich bin insgesamt sehr zufrieden mit den Leistungen des Bereiches.	❑	❑	❑	❑	❑
Ich kenne die Ansprechpartner für die verschiedenen Personalfragen.	❑	❑	❑	❑	❑
Meine Bedürfnisse werden sehr ernst genommen.	❑	❑	❑	❑	❑
Der Bereich denkt unaufgefordert mit und bietet Lösungsansätze an.	❑	❑	❑	❑	❑
Bei der Lösung von personellen Problemen hilft mir der Personalbereich kompetent.	❑	❑	❑	❑	❑
Die Dienstleistungen und Instrumente des Bereiches Personal werden gut kommuniziert und eingeführt.	❑	❑	❑	❑	❑
Auf meine Fragen und Anliegen wird schnell und flexibel reagiert.	❑	❑	❑	❑	❑
Das HRM arbeitet zuverlässig und pünktlich.	❑	❑	❑	❑	❑
Mit der Qualität der Leistungserbringung bin ich sehr zufrieden.	❑	❑	❑	❑	❑
Die Mitarbeitenden des HRM sind freundlich und hilfsbereit.	❑	❑	❑	❑	❑
Die zuständigen Personen sind gut erreichbar.	❑	❑	❑	❑	❑
Die Servicebereitschaft und der Wille, auch Zusatzleistungen zu erbringen, sind hoch.	❑	❑	❑	❑	❑
Das HRM ist innovativ.	❑	❑	❑	❑	❑
Das HRM arbeitet ergebnisorientiert.	❑	❑	❑	❑	❑
Ich bekomme alle Informationen, die ich brauche.	❑	❑	❑	❑	❑
Ich greife häufig auf die Intranetseiten des HRM zurück.	❑	❑	❑	❑	❑
Der Personalbereich genießt das Vertrauen der Führungskräfte und der Mitarbeitenden	❑	❑	❑	❑	❑

Abb. 12.2 Kundenbefragung zum HRM

Zusammenfassung Risikoereignisse und Messgrößen zum HRM

Risikoereignis	Messgrößen
HR-Strategie: fehlende HR-Strategie mit klaren Standards fehlender Mehrwert HR-Geschäftsmodell ungenügende Umsetzung strategische Projekte unzureichende Berücksichtigung von HR-Risiken in der Unternehmenssteuerung	Umsetzungsgrad HR-Strategie (Ziel- und Prozessevaluation) (S) Kenntnis Schwerpunkte Personalrisiken (S)
Instrumente und Prozesse: fehlende oder ungenügende HR-Instrumente mangelnde Prozessqualität fehlendes strategisches und qualitatives Personalcontrolling	Beurteilung Nutzen HR-Instrumente durch Kunden (I) Prozesskennzahlen (K) Kernprozesse dokumentiert, gemessen und verbessert (S) Kundenzufriedenheitsindex (I) Vorhandensein eines strategischen und qualitativen Personalcontrollings (S)
Rollen und Strukturen: kein schlankes HRM ungenügend qualifizierte HR-Mitarbeitende geringe Innovation und Flexibilität HR kein professionelles HRM/Unzufriedenheit mit HR-Arbeit	Beschäftigte pro HR-MA (K) Personalaufwand pro MA (K) Anteil HR-MA, die Kompetenzprofil entsprechen (K)

12.3 Steuern

12.3.1 HR-Strategie

Eine moderne HR-Strategie ist langfristig ausgerichtet, integriert, umsetzungsorientiert und eigenständig.

Das HRM darf nicht isoliert betrachtet werden. Es entfaltet seine Hebelwirkung nur, wenn es in das Dreieck von Strategie, Kultur und Struktur eingebettet ist und die gegenseitigen Abhängigkeiten beachtet werden. Im Dreieck kann nicht ein Aspekt unabhängig von den andern verändert werden. Entscheidend ist eine aufeinander abgestimmte Entwicklung (siehe Abb. 12.3).

Strategieentwicklung ohne Einbezug der Human Resources kann zu gravierenden Fehlschlüssen führen. Da die Denkhaltungen der Mitarbeitenden kaum grundlegend und vor allem nicht kurzfristig verändert werden können, beeinflussen die Human Resources die Wahl der aufzubauenden strategischen Fähigkeiten entscheidend. Für das Unternehmen bieten sich im HRM in besonderem Maße schwer imitierbare und häufig unausgeschöpfte Nutzenpotenziale.

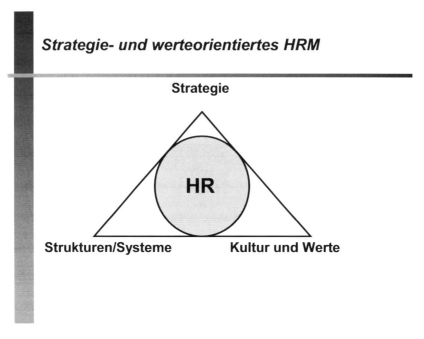

Abb. 12.3 Strategie- und werteorientiertes HRM

In der HR-Strategie geht es darum, die verbindlichen, übergeordneten und langfristigen obersten Eck- und Schwerpunkte der Personalarbeit festzulegen. Sie soll zur Umsetzung der Unternehmensstrategie und zu einer Unité de doctrine in den zentralen HR-Fragen beitragen. Eine formulierte Strategie wirkt verhaltensleitend. Die Energien werden kanalisiert und die Verbindlichkeit gesteigert. Für Führungskräfte und Mitarbeitende entsteht ein Orientierungsrahmen und nach außen eine Profilierung am Markt.

Die Entwicklung der Human Resources ist ganz besonders auf einen „langen Atem" angewiesen. Menschliche Beziehungen, der Aufbau kultureller Werte oder die Entwicklung von Potenzialen brauchen Zeit. Kurzfristige Feuerwehrübungen schaden mehr, als dass sie nützen und verunsichern die Mitarbeitenden.

Vorab stellen sich für jedes Unternehmen ein paar grundsätzliche Fragen. Es macht einen großen Unterschied, ob das Arbeitsverhältnis als reine Geschäftsbeziehung, in der Unternehmen und Mitarbeitende ihren Nutzen möglichst maximieren, betrachtet wird, oder ob die Mitarbeitenden als Vermögen und Investition in die Zukunft gesehen werden. Je nachdem wird auch der Betriebstreue ein unterschiedlicher Wert beigemessen, werden Mitarbeitende eher eingekauft oder entwickelt und ist die HR-Politik kurz- oder langfristiger angelegt (siehe auch Kap. 13).

Die vornehmste Aufgabe des HRM ist, den *People value* im Unternehmen nachhaltig zu steigern. Das HRM verwaltet nicht Stellen, sondern entwickelt die wichtigste Ressource im Unternehmen. Zur Steigerung des People value braucht es vielfältige Ansätze, wie z. B.:

- Selbstverantwortliches, lebenslanges Lernen stimulieren
- Potenziale erfassen und entwickeln
- Selbstmanagement/Empowerment unterstützen, Motivation durch Freiraum und Selbstentwicklung
- Förderung einer unternehmensspezifischen Unternehmenskultur
- Ständige Qualifizierung und Weiterentwicklung der Mitarbeitenden
- Führungsqualität stärken und messen
- Coaching der Führungskräfte und Mitarbeitenden
- Ältere Mitarbeitende leistungsfähig erhalten und ihnen neue Herausforderungen verschaffen.

Die Gestaltung der HR ist einer der zentralen Pfeiler der Unternehmenskulturgestaltung: „You decide on your culture, when you decide on your people". Kulturbezogenes HRM setzt ein vertieftes Verständnis der Kultur voraus. Die Unternehmenskultur prägt, fördert und begrenzt zuweilen auch die HR-Arbeit. Wirksames HRM transportiert umgekehrt Werte und fördert die notwendigen Veränderungen. Werte sind wichtig, um einen klaren Kurs steuern zu können. Sie beeinflussen Entscheidungen, sind Mittel der Differenzierung und Profilierung im Wettbewerb. Stimmige Werte ziehen die richtigen Mitarbeitenden an und sichern ihre Loyalität. Wer sich mit den Werten des Unternehmens identifiziert, bleibt ihm länger treu. Ein gemeinsamer Vorrat an Werten macht das Leben angenehmer und erfolgreicher. Unternehmen, die auf Werte wert legen, sind langfristig selbst mehr wert.

12.3.2 Instrumente und Systeme

integriert

Im HRM wird oft, z. B. in der Personalentwicklung, punktuell gute Arbeit geleistet. Vielfach ist sie aber zu isoliert und zu wenig am strategischen Kontext orientiert. Die Hebelwirkung des HRM entsteht aber nur, wenn sie aus geteilten strategischen Vorstellungen und Werten fließt.

Aus dem Dreieck von Strategie/Kultur/Struktur sind die Kernfähigkeiten und -kompetenzen, die an die Führungskräfte, aber auch an die Mitarbeitenden zu stellen sind, näher zu definieren. Sie bilden die Grundlage für das ganze HRM sowie die Gestaltung der Instrumente und Systeme. Gefragt ist nicht ein möglichst vollständiger Katalog, sondern eine Beschränkung auf die Kernkompetenzen, die konsequent in alle Personalsysteme integriert werden (siehe Abb. 12.4).

zielgruppenorientiert

Einzelne Mitarbeitergruppen und auch Bereiche im Unternehmen verlangen zunehmend eine differenzierte Personalpolitik und unterschiedliche Systeme und Konzepte. Lange Zeit wurden alle Mitarbeitenden möglichst gleich behandelt. In Zukunft sind sie zielgruppen-

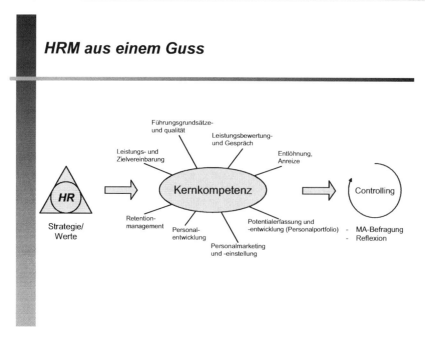

Abb. 12.4 HRM aus einem Guss

spezifischer und individueller anzusprechen. Das gilt sowohl für Führung und Arbeitsbedingungen als auch für die Personalentwicklung. Damit die Mitarbeitenden als Kunden
behandelt werden können, müssen ihre Bedürfnisse bekannt sein und berücksichtigt werden.

umsetzungsorientiert
Auch das HRM wird zunehmend nach seiner Effizienz beurteilt wird. Ohne Wirtschaftlich-
keit überleben wir es nicht, ohne Menschlichkeit ertragen wir es nicht. Die entscheidende
Frage lautet nicht, was es kostet, sondern was es bringt und was es kostet, wenn man nichts
tut.

Strategisches Personalcontrolling dokumentiert den Umsetzungsgrad der Strategie und
macht Abweichungen sichtbar. Es zeigt auf, welche Maßnahmen zu ergreifen sind, um die
Planungsziele des HR-Bereiches zu erreichen, Chancen und Risiken zu beobachten und
Erfolgspotenziale zu sichern.

Umgesetzt werden am ehesten einfache Instrumente und Systeme.

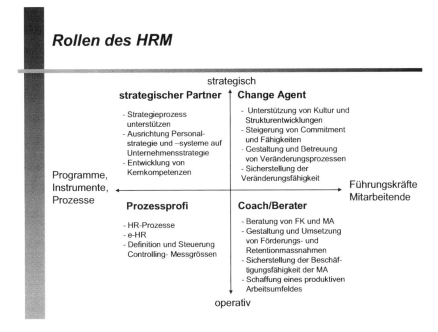

Abb. 12.5 Rollen des HRM (nach Ulrich)

12.3.3 Neues Rollenverständnis

Aufgabenschwerpunkte
Anhand des Modells von Ulrich (siehe Abb. 12.5) können Ist und Soll einander gegenübergestellt werden.

Struktur des HRM
Eine für alle Fälle ideale Aufgabenzuordnung im HRM gibt es nicht. Gefragt ist eine betriebsspezifische Balance.

Lange Zeit wurde das HRM funktional organisiert. In den letzten Jahren haben sich neue Ansätze, die in der Regel vier Haupt-Aufgabenfelder und Stoßrichtungen unterscheiden, herausgebildet:

- Strategische Aufgaben
- Spezialaufgaben, die in einem Competence Center/Center of Excellence gebündelt werden
- Administrative Aufgaben, die in einem Shared Service Center wahrgenommen werden
- Beratende Aufgaben (auf Geschäftsbereiche abgestimmtes HRM), z. B. im Sinne von HR-Business Partnern.

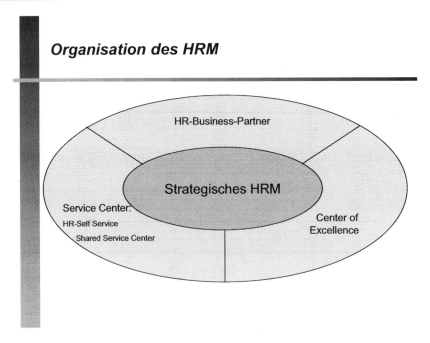

Abb. 12.6 Organisation des HRM

Aus diesen Bausteinen resultiert ein Grundmodell mit strategischen Aufgaben im Zentrum, ergänzt durch ein Center of excellence, HR-Business-Partnern und die zentrale Wahrnehmung von Servicefunktionen (Self-Service-Möglichkeiten und Shared Service Center) (siehe Abb. 12.6).

Zwischen Wunsch und Wirklichkeit klafft in der Praxis noch eine große Diskrepanz. Das in Aussicht gestellte Einsparpotenzial wurde noch kaum überzeugend dargetan. Die nähere Aufgabenzuordnung wird außerdem uneinheitlich vorgenommen (z. B. Rekrutierung, Call-Center usw.).

Aufgabenverteilung zwischen HRM und Linie

Für die Umsetzung der HR-Strategie, die Auswahl, Führung und Entwicklung der Mitarbeitenden sowie die konsequente Handhabung der Personalsysteme werden auch in Zukunft die Führungskräfte primär zuständig sein. Die Auffassung gewinnt an Boden, dass die unmittelbare Personalarbeit wieder vermehrt in der Linie erfolgen sollte. Sinn, Spaß und Spielraum kann nur in der täglichen Führungsarbeit vermittelt werden. Konsequent weitergedacht müsste also die vornehmste Aufgabe des HRM darin bestehen, die Führungskräfte zu befähigen, ihre Personalaufgaben richtig wahrzunehmen, d. h. sie für eine hochstehende Personalarbeit zu gewinnen und sie tatkräftig darin zu unterstützen, ihre Rolle effektiv wahrzunehmen. Oder, noch weiter zugespitzt, das HRM hätte dann seine Aufgaben am besten erfüllt, wenn es sich selbst überflüssig gemacht hätte.

So sehr eine Rückdelegation von Personalaufgaben an die Linie (Backsourcing) erwünscht scheint, so schwer dürfte sie umzusetzen sein. Die Führungskräfte sind oft
problematische Träger der Personalarbeit. Viele sind eher auf Grund fachlicher als füh-
rungsmäßiger Qualifikationen für ihre Funktion ausgewählt worden. Es fehlt ihnen oft
an der erforderlichen Motivation und an der Qualifikation für eine zukunftsbezogene
HR-Arbeit. Sie sind primär aufgabenorientiert und neigen dazu, die Sachaufgaben über-
zubewerten. Oft haben sie zu wenig Zeit und fühlen sich zu wenig für ihre Mitarbeitenden
verantwortlich.

Auf die Führungsqualität ist schon in der Selektion, aber auch in der Führungsschulung
und bei Beförderungen, besonderes Gewicht zu legen. Wenn die Führungskräfte wieder
stärker in die Personalaufgaben einbezogen werden sollen, muss ein besonderes Augen-
merk auf der Führungsqualität liegen, die auch zu messen und zu honorieren ist (siehe
Abschn. 11.2).

Psychologischer Arbeitsvertrag 13

Grundlage des psychologischen Arbeitsvertrages ist ein wechselseitiges Geben und Nehmen im Sinne der Reziprozität. Jede Leistung ruft nach einer adäquaten Gegenleistung. Das „gerechte" Austauschverhältnis oder die alte soziale Norm der Wechselseitigkeit ist auch Voraussetzung für zufriedenstellende Arbeitsbeziehungen.

Die Beziehung zwischen Arbeitgebern und Arbeitnehmern geht weit über die rechtlichen Beziehungen hinaus. Sie beinhaltet auch einen psychologischen Vertrag, dessen Grundlage in einem wechselseitiges Geben und Nehmen besteht. Konkret erwartet der Arbeitnehmer Sicherheit, Entwicklungsmöglichkeiten und faire Behandlung, der Arbeitgeber Leistungsbereitschaft sowie Flexibilität und Eigenverantwortung (siehe Abb. 13.1).

Wenn Sicherheit und Entwicklung nicht mehr gewährleistet sind, bricht für die Mitarbeitenden eine wesentliche Grundlage des psychologischen Vertrages weg. Sie fühlen sich nicht mehr gebunden und optimieren ihrerseits ihre Interessen. Identifikation und Leistungsbereitschaft gehen zurück. Stimmt für die Mitarbeitenden die Balance nicht mehr, steht der psychologische Arbeitsvertrag zur Disposition. Entweder ziehen die Mitarbeitenden die Konsequenzen und kündigen oder sie kündigen innerlich, mit den in Abschn. 9.3 dargelegten Konsequenzen. Der psychologische Arbeitsvertrag lebt von einem als gerecht empfundenen Austauschverhältnis.

Somit kann auch ein gestörter psychologischer Arbeitsvertrag ein substantielles Personalrisiko darstellen. Die Verletzung sozialer Verpflichtungen kann Unternehmen teuer zu stehen kommen. Die Medien stellen solche Unternehmen zunehmend an den Pranger, und die Öffentlichkeit bestraft sie mit Konsumverzicht.

Wenn der psychologische Arbeitsvertrag durch Firmenverkäufe, Fusionen, Reorganisationen und Shareholder-Value-Denken beeinträchtigt ist, braucht es ein neues Gleichgewicht. Der Vertrag ist neu auszuhandeln und die gegenseitigen zukunftsbezogenen Erwartungen, Interessen und Ziele neu auszubalancieren. Nur faire Sozialkontrakte, die das Prinzip der Wechselseitigkeit beachten, gewährleisten dauerhafte Sozialbeziehungen. Unternehmen und Mitarbeitende müssen voneinander wieder erwarten können, dass sie ihre gegenseitigen Verpflichtungen einhalten.

J.-M. Kobi, *Personalrisikomanagement*, DOI 10.1007/978-3-8349-4210-4_13,
© Springer Fachmedien Wiesbaden 2012

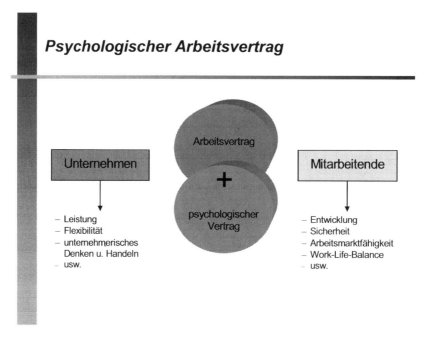

Abb. 13.1 Psychologischer Arbeitsvertrag

Vorab ist klarzulegen, ob im Unternehmen das Szenario Business- oder Mitarbeiter-orientierung gelten soll. Im reinen Businessmodell stellt das Unternehmen ein und ent-lässt entsprechend der jeweiligen Situation. Der Arbeitnehmer optimiert seinerseits seine Interessen. Mindestens kurzfristig und wenn beide Seiten das Konzept befürworten und ihren eigenen Nutzen optimieren, mag das gut gehen. SCHOLZ spricht von Darwiportunis-mus, einer Kombination von Darwinismus und Opportunismus. Verschiedene exklusive Fußballvereine stehen für solchen Darwiportunismus. Ob dieses Modell auch längerfristig funktioniert, steht auf einem andern Blatt. Dagegen spricht, dass selbst spieltheoretische Computersimulationen und sozialpsychologische Experimente zeigen, dass längerfristig gesehen eine kooperative Haltung erfolgreicher ist, als eine individualistische und rein businessmäßig orientierte Strategie.

Ähnlich wie die Natur müssen in Zukunft vor allem die Sozialsysteme geschützt wer-den. Der Psychologe Willi (NZZ Nr. 66, 1994) hat den Schutz der sozialen Ökologie des Menschen postuliert und dargelegt, dass „gewisse Beziehungserfahrungen nur bei einer kontinuierlichen, zeitlich nicht begrenzten, stabilen Beziehung möglich sind. Derartige Erfahrungen sind Geborgenheit, Sicherheit, Vertrautheit, Zugehörigkeit, Verankerung im Unternehmen, dessen Teil man ist." Die Zugehörigkeit zu einer menschlichen Gemein-schaft ist für die meisten Mitarbeitenden zentral.

Wahrscheinlich werden Unternehmen auch in Zukunft nicht den Arbeitsplatz auf Leb-zeiten und eine Weiterbildung weit über die Unternehmensinteressen hinaus versprechen können und wollen. Es macht aber einen wesentlichen Unterschied, ob sie ein sozialverträgliches Verhältnis und faire zwischenmenschliche Beziehungen auch in schwierigen Situationen leben, oder ob sie die Mitarbeitenden als austauschbar betrachten. Die Bedeutung einer kulturtragenden Stammbelegschaft, der auch zusätzliche Sicherheiten garantiert werden, dürfte von vielen Unternehmen wieder deutlicher erkannt werden.

Ein neuer psychologischer Arbeitsvertrag wird tragfähig sein, wenn er wieder von beiden Seiten als fair empfunden wird und die Balance zwischen Geben und Nehmen stimmt.

Breite Akzeptanz, aber noch zu wenig systematische Umsetzung

Das Personalrisikomodell ist heute breit akzeptiert. Insgesamt hat die Sensibilität für Personalrisiken deutlich zugenommen. Aufgrund von Finanz- und anderen Krisen ist das Management risikobewusster geworden. Die Personalrisiken werden heute fundierter diskutiert und als zentrales Zukunftsthema erkannt.

Als *Handlungsfelder* der Personalrisiken stehen nach wie vor HR-Strategie, qualifizierte Personalplanung und Personalcontrolling im Vordergrund. Inzwischen hat sich aber der Fokus ausgeweitet. Die Bedeutung der Personalrisiken im Rahmen von Due Diligence in Mergers, Risk Audits und Ratings ist inzwischen anerkannt. Demografie wird als neue Ursache von Risiken erkannt. Führungsqualität und Risiken im HRM stellen ihrerseits Risiken auf einer übergreifenden Ebene dar.

Das *große Potenzial des Personalrisiko-Ansatzes* ist noch lange nicht ausgeschöpft. Häufig wird noch zu punktuell und zu wenig systematisch vorgegangen. Die Herausforderungen in der Umsetzung liegen dementsprechend in einer unternehmensspezifischen Definition und Beurteilung der Risikofelder und einem *systematischen Ansatz*.

Zusammenfassend kann festgestellt werden:

- Das grösste Risiko ist der Mensch. Personalrisiken sind deshalb zentral.
- Die Kosten der Personalrisiken sind bisher wenig bewusst und werden unterschätzt.
- Die Sensibilität für Personalrisiken ist deutlich gestiegen.
- Personalrisiken sind so wichtig wie Finanzrisiken. Soziale Nachhaltigkeit muss ebenso wichtig werden, wie ökologische Nachhaltigkeit.
- Das Potenzial des Ansatzes ist noch lange nicht ausgeschöpft.
- Nur ein systematisches und ganzheitliches Vorgehen bringt Erfolg.
- Investitionen in ein Personalrisikomanagement lohnen sich.

J.-M. Kobi, *Personalrisikomanagement*, DOI 10.1007/978-3-8349-4210-4_14,
© Springer Fachmedien Wiesbaden 2012

Literaturverzeichnis

Ackermann KF (Hrsg) (1999) Risikomanagement im Personalbereich. Gabler, Wiesbaden

Anker H (2010) Balanced Valuecard, Leistung statt Egoismus. Haupt, Bern

Armutat S (2012) Steuerung von Humankapital mit der HR-Scorecard. In: Friederichs P, Armutat S (Hrsg) Human Capital Auditierung – Aufgaben für das Personalmanagement. Bertelsmann, Bielefeld

Becker BE, Huselid MA, Ulrich D (2001) The HR Scorecard. Harvard Business School Press, Boston

Bennis W (1994) Schlüsselstrategien erfolgreichen Führens. Das Beste von Mr. Leadership. Econ, Düsseldorf

Bihl G (1987) Wertorientierte Personalpolitik. SGP Mitteilungen 87(1):10

Bitz H (2000) Risikomanagement nach KonTraG. Schäffer-Poeschel, Stuttgart

Böckmann W (1984) Wer Leistung fördert, muss Sinn bieten. Econ, Düsseldorf

Brown MG (1997) Kennzahlen: harte und weiche Faktoren erkennen, messen und bewerten. Hanser, München

von Cube F (2004) Lust an Leistung, 11. Aufl. Piper, München

DGFP (Hrsg) (2001) Personalcontrolling in der Praxis. Schäffer-Poeschel, Stuttgart

Doppler K (2011) Der Change Manager; Sich selbst und andere verändern – und trotzdem bleiben, wer man ist. Campus, Frankfurt am Main

Dürndorfer M, Friederichs P (Hrsg) (2004) Human Capital Leadership, Wettbewerbsvorteile für den Erfolg von morgen. Murmann, Hamburg

Dubs R (1998) Die Entwicklung von Führungspotential – Schlüsselfaktor des Führungserfolges. ATAG Broschüre, S 7 ff

Friederichs P, Althauser H (Hrsg) (2001) Personalentwicklung in der Globalisierung, Strategien der Insider. Luchterhand, Neuwied

Gmür M, Thomann JP (2006) Human Ressource Management. Versus, Zürich

Hilb M (Hrsg) (2006) Innere Kündigung. Industrielle Organisation, Zürich

Hilb M (1994) Integriertes Personal-Management. Luchterhand, Neuwied

Hochrain K (1999) Das Gesetz zur Kontrolle und Transparenz im Unternehmensbereich. KonTraG und die Folgen für das Personalmanagement. In: Ackermann KF (Hrsg) Risikomanagement im Personalbereich. Gabler, Wiesbaden

Horx M (1997) Das Zukunftsmanifest. Econ, Düsseldorf

Hüther G (2011) Was wir sind und was wir sein könnten. S Fischer, Frankfurt am Main

J.-M. Kobi, *Personalrisikomanagement*, DOI 10.1007/978-3-8349-4210-4,
© Springer Fachmedien Wiesbaden 2012

Kaffke M (Hrsg) (2009) Strategisches Management von Personalrisiken, Konzepte, Instrumente, Best Practices. Gabler, Wiesbaden

Kernen H (1998) Burnout-prophylaxe im Management, 2. Aufl. Haupt, Bern

Kobi J-M, Wüthrich HA (1986) Unternehmenskultur verstehen, erfassen und gestalten. Moderne Industrie, Landsberg am Lech

Kobi J-M (1998) Management des Wandels. Die weichen und harten Bausteine erfolgreicher Veränderung, 2. Aufl. Haupt, Bern

Kobi J-M (2006) Personalcontrolling. HRM-Dossier Nr 33

Kobi J-M (2005) Unternehmenskultur. HRM-Dossier Nr 27

Kobi J-M, Backhaus J (Hrsg) (2001) Personalrisikomanagement und seine Bedeutung für die Sparkassenfinanzgruppe. Deutscher Sparkassenverlag, Stuttgart

Kobi J-M (2008) Die Balance im Management. Gabler, Wiesbaden

Kobi J-M (2008) Backsourcing von HRM an die Linie. HR-Today 11:24

Kobi J-M (2009) Weiche Faktoren entscheiden über Erfolg und Misserfolg von Fusionen. HR Today 12:24

Kobi J-M (2010) Sich überflüssig machen. Personal Heft 06:34

Klöti L (2008) Personalrisiken, Qualitative und quantitative Ansätze für das Management von Personalrisiken. Haupt, Bern

Kolb M (2008) Personalmanagement, Grundlagen – Konzepte – Praxis. Gabler, Wiesbaden

Krüger W, Homp C (1997) Kernkompetenz-Management: Steigerung von Flexibilität und Schlagkraft im Wettbewerb. Gabler, Wiesbaden

Krystek H, Becherer D, Deichelmann KH (1995) Innere Kündigung als Führungsproblem. Zeitschrift Personal 12:614

Leidig G (2008) Personalrisikomanagement als Zukunftssicherung. zfo 01:51

Lisges G, Schübbe F (2009) Personalcontrolling. Haufe, Freiburg/Berlin

Malik F (2006) Führen – Leisten – Leben. Wirksames Management für eine Neue Zeit. Campus, Frankfurt am Main

Margerison C (1992) Management Development. Führungskräfte fördern und entwickeln. Campus, Frankfurt am Main

Möller K, Gamerschlag R (2012) Bewertungsmethoden für Human Capital. In: Friederichs P, Armutat S (Hrsg) Human Capital Auditierung – Aufgaben für das Personalmanagement. Bertelsmann, Bielefeld

Oertig M (Hrsg) (2006) Neue Geschäftsmodelle für das Personalmanagement. Luchterhand, Neuwied

Pedler M, Burgoyne J, Boydell T (1994) Das lernende Unternehmen: Potentiale freilegen; Wettbewerbsvorteile sichern. Campus, Frankfurt am Main

Probst G, Raub S, Romhardt K (1997) Wissen managen: Wie Unternehmen ihre wertvollste Ressource optimal nutzen. Gabler, Wiesbaden

Probst GJB, Knaese B (1998) Risikofaktor Wissen. Gabler, Wiesbaden

Pümpin C, Kobi J-M, Wüthrich HA (1985) Unternehmenskultur. Basis strategischer Profilierung erfolgreicher Unternehmen. Die Orientierung Nr. 85. Schweizerische Volksbank

Sadler P (1995) Talent-Management: fähige Mitarbeiter zu Hochleistungen führen. Campus, Frankfurt am Main

Schneider M (1998) Personalpolitische Anpassungen als Risikomanagement: ein ökonomischer Beitrag zur Theorie des flexiblen Unternehmens. Hampp, Mering

Seitz, Braun (Hrsg) (1999) Das Kontroll- und Transparenzgesetz. Gabler, Wiesbaden

Senge P (2003) Die fünfte Disziplin: Kunst und Praxis der lernenden Organisation, 9. Aufl. Klett-Cotta, Stuttgart

Sennett R (1998) Der flexible Mensch. Die Kultur des neuen Kapitalismus. Berlin Verlag, Berlin

Scholz C (2003) Spieler ohne Stammplatzgarantie, Darwiportunismus in der neuen Arbeitswelt. Wiley-VCH, Weinheim

Scholz C, Stein V, Bechtel R (2004) Human Capital Management. Luchterhand, Neuwied

Sprenger RK (2010) Mythos Motivation: Wege aus einer Sackgasse, 19. Aufl. Campus, Frankfurt am Main

Sprenger RK (2004) Vertrauen führt, 2. Aufl. Campus, Frankfurt am Main

Sprenger RK (2005) Aufstand des Individuums. Campus, Frankfurt am Main

Stiefel RT (1996) Lektionen für die Chefetage: Personalentwicklung und Management Development. Klett-Cotta, Stuttgart

Ulrich D (1999) Strategisches Human Resource Management. Harvard bei Hanser, München

Ulrich D (1998) Human resource champions: The next agenda for adding value and delivering results. McGraw-Hill, Boston

Ulrich P (2002) Der entzauberte Markt. Herder, Freiburg/Basel/Wien

Vogelsang G, Burger C (2004) Werte schaffen Wert. Econ, Düsseldorf

Waas M (2005) „Wagnis Mensch" im M & A-Prozess. Gabler, Wiesbaden

Wohlgemuth AC (1989) Unternehmensdiagnose in Schweizer Unternehmungen: Untersuchungen zum Erfolg mit besonderer Berücksichtigung des Humanpotentials. Europäische Hochschulschriften

Wucknitz UD (2005) Personalranking und Personalrisikomanagement. Schäffer-Poeschel, Stuttgart

Wüthrich HA, Osmetz D, Kaduk S (2006) Musterbrecher. Gabler, Wiesbaden

Zölch M (Hrsg) (2009) Fit für den demografischen Wandel? Ergebnisse, Instrumente, Ansätze guter Praxis. Haupt, Bern

Sachverzeichnis

A

Absentismus, 115, 117
Abszenzprophylaxe, 123
Ältere Mitarbeitende, 7, 11, 81, 115, 116, 121, 122, 149
Anpassungsrisiko, 4, 7, 10, 89–114
Arbeitgeberimage, 64–66
Arbeitsmarkt, 4, 9, 11, 21, 22, 24, 25, 50, 51, 63–65, 68, 74, 78, 91, 95, 97, 98, 110, 111, 143
Arbeitsmarktfähigkeit, 11, 74, 91, 95, 98, 110, 111
Arbeitszeitverkürzung, 114
Arbeitszufriedenheit, 77–79, 111, 120
Ausbrennen, 116, 119, 121
Austrittsinterviews, 63, 76, 77, 79
Austrittsrisiko, 3, 7, 10, 73–87

B

Balanced Scorecard, 36
Basel II + III, 27
Bedarfslücken, 7, 45, 50, 55
Bedarfsplanung, 45
Belegschaft, flexible, 25, 26, 50, 56, 157
Belegschaftsentwicklung, 56
Beratung, 48, 99, 112, 113, 140, 145
Beurteilungsmöglichkeiten, 36
Bildungscontrolling, 94, 96
Bonus, 51, 87
Burnout, 11, 116, 119, 121, 122

C

Coaching, 11, 63, 71, 99, 140, 141, 149
Cockpit, 13, 29, 36, 38, 39
Commitment, 11, 17, 35, 41, 81, 106, 115, 117, 119, 120, 125, 127, 132, 135

E

Employer Branding, 10, 50, 63–65
Empowerment, 133, 149
Engpassrisiko, 3, 7, 45–56, 58–70
Entgeltsysteme, 79, 83, 85, 87
Entwicklungen/Trends, 83
Entwicklungsfähigkeit, 56, 122
Entwicklungsgespräch, 48, 53, 63
Erfolgsbeteiligung, 87
Experimentieren, 104, 136–138

F

Feedback, 10, 34, 63, 87, 99, 103, 104, 132, 139
Feedbackkultur, 104
Fehlbesetzungen, 49, 50, 70
Flexibilität, 10, 25, 35, 91, 95, 100, 108–111, 138, 147, 155
Fluktuation, 10, 35, 37, 51, 74–76, 79, 81, 112, 132, 143
Fluktuationskosten, 74–76, 79, 81
Fördermaßnahmen, 62, 63
Frauenerwerbstätigkeit, 25
Freiraum, 23, 64, 74, 103, 104, 133, 135, 136, 140, 149
Freisetzungsrisiko, 92
Früherkennung, 13, 20–22, 27, 50, 92, 109, 111, 120, 127, V
Führungskräfte- und Nachfolgeplanung, 60, 62
Führungskultur, 133, 134
Führungsqualität, 13, 16, 20, 30, 35, 41, 51, 81, 83, 120, 123, 127, 131–133, 149, 153, 159
Führungsrisiken, 8, 131–141, VI
Führungsunterstützung, 140

G

Gleitender Übergang in den Ruhestand, 113

H

HR-Management, 48, 140
Human Resources (HR), VII
Humanvermögen, 15, 30, 39–41, 143

I

Image, 9, 16, 17, 23, 33, 49, 50, 52, 63–66, 70, 74,
    90, 92, 95, 111, 125, 139, V
Indikatoren, 19, 33–36, 50, 77, 132
innere Kündigung, 115–121
Integritätsrisiko, 8, 125–127
Interviews, 13, 49, 63, 68, 69, 76, 77, 79

J

Job rotation, 53, 60, 63, 64, 95, 100, 108, 122
Job sharing, 110, 114

K

Kapitalbeteiligung, 87
Kennzahlen, 13, 29, 30, 34, 35, 37, 50, 63, 76, 87,
    132, 147
Kernbelegschaft, 25, 26
Kernkompetenzen, 9, 53, 54, 59, 85, 91, 100, 149
Kommunikation, 64, 67, 70, 89, 103, 104, 110,
    121, 138, 139
KonTraG, 27, 28, V

L

Lernendes Unternehmen, 11, 101–104
Lernfähigkeit, 70, 90, 97, 131
Lernkultur, 103
Lernprozesse, 104
Lohnvergleiche, 83

M

Marketingdenken, 49, 63
Mergers & Acquisitions, 106
Messgrößen, 29–31, 34–38, 41, 50, 51, 79, 87,
    95, 96, 119, 126, 132, 133, 147, V
Mitarbeiterbedürfnisse, 63
Mitarbeiterbefragungen, 33, 34, 63, 77, 86, 117,
    132
Mitarbeitergespräche, 11, 33, 79, 104, 117, 119
Motivationsrisiko, 7, 8, 11, 115–123

P

People value, 15, 148
Personalcontrolling, 13, 29–36, 144, 145, 147,
    150, 159, V

Personalentwicklung, 49, 53, 54, 62, 83, 90–92,
    94, 95, 97–101, 140, 149, 150
Personalfreisetzung, 89, 95, 111, 112
Personalmarketing, 10, 49, 50, 63, 81
Personalplanung, strategische, 20, 46, 50, 54, 55,
    60, 109, 111, 159, V
Personalportfolio, 50
Personalrisiko, 3, 7–9, 15, 19–21, 27–29, 36, 54,
    155, 159, V, VII
Personalrisikokosten, 19, 20, 159
Personalrisikomanagement, integriertes, 3, 7,
    15, 19–21, 27–29, 36, 54, 159, V, VII
Personalrisikomanagement, systemisches, 3, 7,
    15, 19–21, 27–29, 36, 54, 159, V, VII
Personalrisikomodell, 7, 9, 159
Potenzialerfassung, 9, 13, 48, 51–53, 55, 56, 62
Potenziallücken, 7, 46, 50
Potenzialmanagement, 20, 46–48, 51–53, 60, 63
Potenzialpool, 60
Potenzialportfolio, 56
Projektarbeit, 63, 99, 101, 131
psychologischer Arbeitsvertrag, 8, 155, 157

R

Reflexion, 95, 99, 102–104, 138
Rekrutierung, 10, 37, 45, 47, 49, 50, 54, 63–71,
    127, 152
Rekrutierungsprozess, 10, 49, 50, 63, 67, 68, 70
Rekrutierungsrisiko, 49
Retentionmanagement, 10, 78, 79, 81, 83, 84
Risiken im HRM, 143–153
Risikobeurteilung, 13, 35, 38–40
Risikobeurteilungsmatrix, 13, 35, 38–40
Risikofelder, 7, 8, 13, 19, 27, 29, 90, 131, 159
Risikoidentifikation, 13
Risikomessung, 13, 30
Risikomodell, 7–9, 19, 159, VII
Risikosteuerung, 13
Risikoüberwachung, 13
Risikozyklus, 13

S

Sabbatical, 110, 114, 121
Schlüsselfunktionen, 46, 48, 55, 83
Schlüsselpersonen, 3, 7, 10, 36, 37, 50, 52, 73,
    74, 76, 79–81
Self Assessment, 13, 35, 36, 65
Sinn, 23, 104, 126, 131, 133, 136, 139, 152
Spaß, 131, 133, 135, 139, 152

Spielraum, 27, 86, 121, 131, 135, 136, 139, 152,
        V
Standards, 34, 35, 37, 48, 50, 51, 68, 70, 112, 132,
        147

T
Teilzeitarbeit, 22, 64, 113, 131
Total Compensation, 83
Trainings/Seminare, 100

U
Um- und Neuqualifizierung, 7, 10, 89, 95
Unternehmenskultur, 11, 16, 47, 48, 51, 64, 65,
        67–69, 74, 83, 85, 91, 95, 96, 104–108,
        120, 126, 127, 149

V
Veränderungsbereitschaft, 11, 41, 91, 95, 104,
        111, 120
Versetzungen, 48, 55, 61, 99, 112, 113
Vertrauen, 16, 49, 65, 83, 103, 104, 108, 111,
        112, 119, 121, 125–127, 132, 133, 135,
        137, 139
Vorruhestandsregelung, 112, 113

W
Wissensmanagement, 13, 91, 102, 103

Z
Zeitflexibilität, 108
Ziele, 7, 11, 37, 45, 56, 62, 81, 83, 86, 87, 99, 102,
        105, 108, 112, 114, 116, 118–121, 132,
        135, 138, 150, 155, V
Zweiklassengesellschaft, 25, 26

Der Autor

Dr. Jean-Marcel Kobi führt seit über zwanzig Jahren ein eigenes Management-Beratungsunternehmen am Zürichsee mit den Schwerpunkten

- Human Resources-Management
- Unternehmenskulturgestaltung und Change Management
- Personalrisiken und Personalcontrolling

Vorher war er HRM-Leiter eines großen Industrieunternehmens und Management Consultant einer führenden Beratungsgesellschaft. Er stand immer wieder an der Spitze wichtiger Entwicklungen in der Managementlehre. Die Themen Unternehmenskultur, Management des Wandels, Personalrisiken und Balance im Management sind eng mit seinen Inputs verknüpft. Er berät Unternehmen aller Größen und Branchen im deutsch- und französischsprachigen Raum.

J.M. Kobi & Partner
Eichbülstrasse 2 b
CH 8712 Stäfa
Schweiz
Tel. (+41) (0)44 291 02 41
E-Mail: kobi.partner@swissonline.ch
www.kobipartner.ch

Fallen und Fehler vermeiden, Leistung fördern

Das Geschäft wird immer schneller, die Hektik und der Druck im Arbeitsleben immer größer. Wichtigtuerei und Besserwisserei sind an der Tagesordnung. Auf den äußersten Krafteinsatz folgt oft Erschöpfung. Muss das so sein? Bernd Hofmann schlägt einen anderen Weg vor, der auf seinen umfassenden Erfahrungen basiert: entspanntes Führen aus der Hängematte.

Bernd Hofmann
Führen aus der Hängematte
Mit Leichtigkeit und Eleganz
zu Leistung und Erfolg
2011. 220 S.
Br. € (D) 34,95
ISBN 978-3-8349-2486-5

Bewährte Techniken und Instrumente für die Führungspraxis

Rainer Niermeyer und Nadia Postall zeigen, welche Führungsinstrumente und -techniken wirklich relevant sind und wie sie erfolgreich in der Praxis eingesetzt werden. Ob Führungsnachwuchskraft oder gestandener Manager – in diesem Buch erfahren Sie, wie Sie Mitarbeiter zielgerichtet unterstützen, lenken, fordern und fördern. Die erfahrenen Managementtrainer beschreiben die in der Praxis am besten bewährten Techniken und Instrumente für professionelle Meetings, Mitarbeitergespräche, Zielvereinbarungen sowie Mitarbeiterbeurteilungen. Alle Unterstützungsinstrumente für Ihre Praxis finden Sie unter www.gabler.de beim Buchtitel.

Rainer Niermeyer / Nadia Postall
Effektive Mitarbeiterführung
Praxiserprobte Tipps
für Führungskräfte
2010. 256 S.
Br. € (D) 29,95
ISBN 978-3-8349-2112-3

Da ansetzen, wo nachhaltige Leistung entsteht

Der amerikanische Psychologe Steven Reiss hat ein Modell von 16 Lebensmotiven, den „Motoren des Lebens" entwickelt. Die Arbeits- und Organisationspsychologin Uta Rohrschneider nutzt dieses Instrumentarium, um klare Handlungskompetenz für den Führungsalltag zu vermitteln.

Uta Rohrschneider
Macht, Neugier, Team ...
Mitarbeiter individuell führen und
motivieren mit dem Reiss
Motivationsprofil
2011. 224 S. Br. € (D) 34,95
ISBN 978-3-8349-2459-9

Stand: März 2012. Änderungen vorbehalten.
Erhältlich im Buchhandel oder beim Verlag.

Abraham-Lincoln-Straße 46 . D-65189 Wiesbaden
Tel. +49 (0)6221 / 3 45 - 4301 . springer-gabler.de

 **Springer** Gabler

Personalmanagement

↗

Neue Erkenntnisse und zukünftige Herausforderungen des strategischen Personalmanagements

Personalmanagement muss in der Unternehmensstrategie verankert und aus ihr abgeleitet sein. Es ist zugleich eine der Determinanten strategischer Optionen. Personalmanagement ist nicht nur ein operatives Geschäft für einzelne Funktionsbereiche im Unternehmen, sondern Querschnittsfunktion und Topmanagement-Aufgabe.

Im „Handbuch Strategisches Personalmanagement" vermitteln renommierte Wissenschaftler und Topmanager aus bekannten Unternehmen in 30 Beiträgen den „State of the Art". Dabei werden sowohl ökonomische als auch verhaltenswissenschaftliche Perspektiven berücksichtigt.

Das Buch bietet einen Überblick über konzeptionelle und praktische Lösungswege für strategische Herausforderungen in unterschiedlichen Tätigkeitsfeldern des Personalmanagements.

Der Inhalt
Personalgewinnung und Employer Branding
Performance und Talent Management
Steuerung und Entwicklung von Führungskräften
Führung von Mitarbeitern und Teams /
Interkulturelle Mitarbeiterführung
Diversity Management
Psychische und physische Gesundheit am Arbeitsplatz

Ruth Stock-Homburg /
Birgitta Wolff (Hrsg.)
Handbuch Strategisches Personalmanagement
2011. XIV, 640 S. Geb.
€ (D) 99,95
ISBN 978-3-8349-2510-7

Stand: Januar 2012. Änderungen vorbehalten.
Erhältlich im Buchhandel oder beim Verlag.

Abraham-Lincoln-Straße 46 . D-65189 Wiesbaden
Tel. +49 (0)6221 / 3 45 - 4301 . springer-gabler.de

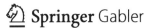 Springer Gabler

Professionelles Personalmanagement
↗

Das erste Buch zum Thema, das betriebswirtschaftliche, psychologische und abeitsrechtliche Faktoren gleichermaßen beleuchtet

Zielvereinbarungssysteme sind das wichtigste Führungsinstrument überhaupt. Systematisch praktiziert, ist die Steuerung des Mitarbeiterverhaltens über Ziele in jeder Organisation - unabhängig von Größe und Branche - ein zentraler Erfolgsfaktor. Dies ist das erste Buch, das eine kritische und verständliche Gesamtdarstellung mit konkreten Handlungsempfehlungen für die Praxis bietet.

Klaus Watzka

Zielvereinbarungen in Unternehmen

Grundlagen, Umsetzung, Rechtsfragen
2011. 308 S. Br.
€ (D) 39,95
ISBN 978-3-8349-2624-1

Wissensvorsprung für die erfolgreiche Personalarbeit

Von der Analyse der konkreten Konstellation, der Ableitung des PE-Bedarfs, der Auswahl der für das Unternehmen geeigneten Methoden und Strategien bis zur erfolgreichen Implementierung und dem Controlling der Maßnahmen schildern langjährige Experten das notwendige Wissen.

Uta Rohrschneider /
Michael Lorenz

Der Personalentwickler

Instrumente, Methoden, Strategien
2011. 256 S. Geb.
€ (D) 49,95
ISBN 978-3-8349-2289-2

Hochbegabte erfolgreich führen

Hochbegabte sind als Mitarbeiter einerseits besonders attraktiv, gelten aber andererseits als eher „schwierig" zu führen. In diesem Buch finden sich konkrete Ratschläge für den effektiven Umgang mit Hochbegabten im Unternehmen sowie mit Künstlern, Forschern und anderen Spezies.

Maximilian Lackner

Talent-Management spezial

Hochbegabte, Forscher, Künstler ...
erfolgreich führen
2011. 460 S. Br.
€ (D) 46,95
ISBN 978-3-8349-2353-0

Stand: Januar 2012. Änderungen vorbehalten.
Erhältlich im Buchhandel oder beim Verlag.

Abraham-Lincoln-Straße 46 . D-65189 Wiesbaden
Tel. +49 (0)6221 / 3 45 - 4301 . springer-gabler.de

 **Springer** Gabler

Printed in Poland
by Amazon Fulfillment
Poland Sp. z o.o., Wrocław